MADEMOISELLE
DE
LA SEIGLIÈRE

PAR

JULES SANDEAU.

2

PARIS
MICHEL LÉVY FRÈRES, LIBRAIRES-ÉDITEURS
Des OEuvres d'Alexandre Dumas, Louis Reybaud, Jules Sandeau,
Madame Charles Reybaud, et de la Bibliothèque dramatique.
RUE VIVIENNE, 1.

1847

MADEMOISELLE
DE
LA SEIGLIÈRE.

LIBRAIRIE DE MICHEL LÉVY FRÈRES, RUE VIVIENNE, 1.

En vente :

Alexandre Dumas.

Le Comte de Monte-Cristo (2e édition).	12 vol. in-8.	60 »
Les Trois Mousquetaires (id.)	8 vol. in-8.	40 »
Vingt ans après, suite des Trois Mousquetaires (2e édit.)	8 vol. in-8.	40 »
La Reine Margot (2e édition)	6 vol. in-8.	30 »

L'auteur de Jérôme Pâturot (Louis Reybaud.)

Édouard Mongeron	5 vol. in-8.	37 50
Le Coq du Clocher	2 vol. in-8.	15 »
César Falempin	2 vol. in-8.	15 »
Pierre Mouton	2 vol. in-8.	15 »
Le dernier des Commis-Voyageurs	2 vol. in-8.	15 »

Jules Sandeau.

Madeleine	1 vol. in-8.	7 50
Mademoiselle de la Seiglière	2 vol. in-8.	15 »

Prosper Mérimée.

Carmen	1 vol. in-8.	7 50

Madame Charles Reybaud.

Les Deux Marguerite	2 vol. in-8.	15 »
Géraldine	2 vol. in-8.	15 »
Sans Dot	2 vol. in-8.	15 »
Le Cadet de Colobrières	2 vol. in-8.	15 »

Jules Janin.

Le Chemin de Traverse	1 vol. in-8.	3 50

Arsène Houssaye.

Madame de Favières	2 vol. in-8.	15 »

Charles Didier.

Rome Souterraine	2 vol. in-8.	15 »
Romans du Maroc	4 vol. in-8.	30 »

Édouard Corbière.

Pelaïo	2 vol. in-8.	15 »

Sous Presse :

Alexandre Dumas.

LE VICOMTE DE BRAGELONNE
OU DIX ANS PLUS TARD,

Suite des *Trois Mousquetaires* et de *Vingt Ans après*

L'auteur de Jérôme Pâturot.

MARIE BRONTIN.

Madame Charles Reybaud.

FÉLISE.

Impr. de E. Depée, à Sceaux (Seine)

MADEMOISELLE
DE
LA SEIGLIÈRE

PAR

JULES SANDEAU.

2

PARIS
MICHEL LÉVY FRÈRES, LIBRAIRES-ÉDITEURS
Des OEuvres d'Alexandre Dumas, Louis Reybaud, Jules Sandeau
Madame Charles Reybaud, et de la Bibliothèque dramatique.
RUE VIVIENNE, 1.

1847

I

Mademoiselle de La Seiglière veillait seule. Accoudée sur l'appui d'une fenêtre ouverte, le front appuyé sur sa main, dont les doigts se perdaient sous les nattes de sa chevelure, elle écoutait d'un air distrait les confuses rumeurs qui montaient des champs endormis, concert de l'eau, du feuillage et des brises, nocturne de la création, langage harmonieux des nuits étoilées et sereines. A toutes ces voix et à tous ces murmures, mademoiselle de La Seiglière mêlait les premiers tressaillements d'un cœur où la vie commençait à poindre et à se révéler. Il se faisait en elle comme un bruit de source cachée, près de sourdre, et soulevant déjà la mousse et le gazon qui la couvrent. Hélène s'était élevée dans un monde gracieux, élégant et poli, mais peu accidenté, froid, correct, compassé, nous n'avons pas dit ennuyeux. Ses entretiens avec le vieux Stamply, les lettres de Bernard, l'image et le souvenir d'un mort qu'elle n'avait jamais connu, avaient été tout le poème de sa jeunesse. A force d'entendre parler de ce mort, à force de lire et relire ces lettres qui respiraient toutes une adorable piété filiale unie aux exaltations de la gloire, lettres d'enfant autant que de héros, caressantes et chevaleresques, toutes écrites dans l'ivresse du triomphe, le lendemain d'un jour de combat, elle en était venue à se prendre pour lui de cette poétique affection qui s'attache à la mémoire des jeunes amis moissonnés avant l'âge. Peu à peu, ce sentiment étrange avait germé et s'était épanoui dans son sein comme une fleur mystérieuse : petite fleur bleue de l'idéal qui parfume le fond des âmes, aux heures solitaires Hélène se penchait sur son cœur pour la voir et pour la respirer. Comment se serait-elle défiée d'un rêve dont elle n'avait jamais entrevu la réalité ? comment aurait-elle pu s'effaroucher d'une ombre dont le corps dormait au tombeau ? Parfois elle emportait ces lettres dans ses excursions, comme elle aurait pu faire d'un livre aimé, et ce matin même, sur la pente des coteaux, assise sous un bouquet de trembles, elle en avait relu la plus touchante, celle dans laquelle Bernard envoyait à son vieux père le premier bout de ruban rouge qui avait brillé sur sa poitrine. Le bout de ruban s'y trouvait encore, terni par la fumée de la poudre et par les baisers du vieux Stamply. Hélène n'avait pu s'empêcher de songer que cela valait bien, à tout prendre, les œillets, les roses ou les camélias que M. de Vaubert portait toujours à sa boutonnière. Elle était donc revenue la tête et l'esprit tout remplis d'expressions de flamme, et de retour au château, à peine entrée dans le salon, on lui avait montré Bernard, Bernard ressuscité, Bernard debout et vivant devant elle. C'était plus qu'il n'en fallait à coup sûr pour surprendre vivement une imagination oisive, qui ne s'était jusqu'à présent exaltée que pour des chimères. L'apparition miraculeuse de ce jeune homme, qui ne ressemblait à rien de ce qu'elle avait vu jusqu'alors, et qui ne répondait pas trop mal au type qu'elle s'en était formé confusément, la position de ce fils qu'elle croyait deshérité par la probité de son père, son air triste et grave, son attitude digne et fière, le belliqueux éclat de son front et de son regard, ce qu'il avait enduré et souffert, enfin tous les détails de cette étrange journée avaient produit sur la belle enfant une impression romanesque et profonde ; mais, trop loin de soupçonner ce qui se passait dans son être pour pouvoir s'en alarmer, mademoiselle de la Seiglière s'abandonnait sans trouble aux sensations qui affluaient en elle comme les flots d'une nouvelle vie. Cependant elle comprit que, puisque Bernard vivait, elle n'avait plus le droit de garder les lettres que le vieux Stamply lui avait confiées à son lit de mort. Près de s'en séparer, son cœur se serra ; elle les prit toutes une à une, les relut toutes une dernière fois, puis elle les glissa sous une même enveloppe, après avoir dit un silencieux adieu à ces amies de sa solitude, à ces compagnes de son désœuvrement. Cela fait, la jeune fille revint au balcon, et s'y tint quelque temps encore à regarder les étoiles qui scintillaient au ciel, la blanche vapeur qui traçait dans l'air le cours invisible du Clain, et la lune pareille à un disque de cuivre dont l'horizon rongeait les bords.

Quoiqu'il fît jour depuis plusieurs heures, Bernard se réveilla dans l'obscurité ; seulement un rayon de soleil, venant on ne sait d'où, coupait en deux l'appartement par une bande lumineuse dans laquelle tournoyait follement un essaim de petites mouches mêlées à un million d'atomes, poussière d'or dans un sillon de feu. Après être resté quelques instants plongé dans cet état de bien-être et de nonchalance qui n'est ni la veille ni le sommeil, tout à coup, au mugissement sourd de la réalité qui commençait à lui arriver comme le bruit de la marée montante, il se dressa sur son séant, prêta l'oreille, et promena autour de lui un regard étonné. Le bruit se rapprochait, la marée montait toujours. Inquiet, éperdu, il se jeta à bas du lit, tira les rideaux, ouvrit les volets, et, l'esprit et les yeux illuminés en même temps, il vit clair à la fois dans sa chambre et dans sa destinée. L'aigle qui, après s'être endormi libre dans son aire, se réveillerait sur un perchoir, dans une cage de ménagerie, n'éprouverait pas un sentiment de rage et de stupeur plus sombre ni plus terrible que ne le fut celui de Bernard au souvenir de ce qui s'était passé la veille. Il se pressa le front avec désespoir, et se prodigua les noms de lâche, de parjure et d'infâme. Il fut tenté de jeter par la fenêtre les vases du Japon, la coupe aux pièces d'or, les babouches turques, le plateau de cigares, et de consommer l'expiation en se précipitant lui-même. Il voulut aller tordre le col à la baronne; il chercha quel châtiment il infligerait au marquis; Hélène elle-même ne trouva point grâce devant sa colère. Immobile devant une glace, il se demandait si c'était bien son image qu'il y voyait se refléter. Etait-ce donc lui en effet? Traître en un jour à tous ses instincts, traître à ses opinions, à ses sentiments, à son origine, à ses devoirs, à ses résolutions, à ses intérêts même, il avait frayé avec la noblesse, accepté l'hospitalité des spoliateurs et des assassins de son père! Par quel charme funeste? par quel enchantement ténébreux? Indigné de s'être fait jouer comme un enfant, convaincu que le marquis n'était qu'un vieux roué, sa fille qu'une jeune intrigante élevée à l'école de madame de Vaubert, dégagé de tous les liens dont on l'avait insidieusement enlacé, honteux et furieux à la fois de s'être laissé enchaîner, comme Gulliver, par des nains, il prit sa cravache, enfonça son chapeau sur sa tête, et, sans vouloir seulement prendre congé de ses hôtes, il sortit du château, décidé à n'y plus rentrer que lorsqu'il en aurait chassé la race des La Seiglière.

En traversant une cour plantée de figuiers, de marronniers et de tilleuls, pour gagner les écuries et seller lui-même le cheval qui l'avait amené, il fut rencontré par mademoiselle de la Seiglière, qui sortait de son appartement, en simple négligé de matin, encore plus belle ainsi qu'il ne l'avait vue la veille, le front si pur et si serein, la démarche si calme, le regard si limpide, que Bernard, en l'apercevant, sentit sa conviction s'évanouir avec sa colère, de même qu'au soleil levant se disperse et se fond la brume des collines. Soupçonner cette fière et suave créature de ruse, de mensonge, d'intrigue et de duplicité, autant aurait valu accuser de meurtre et de carnage les palombes au plumage ardoisé qui se becquetaient sur le toit du colombier voisin. La jeune fille alla droit au jeune homme.

— Monsieur, je vous cherchais, dit-elle.

A ce timbre de voix plus doux et plus frais que l'haleine embaumée du printemps, plus franc, plus loyal et sincère que le son de l'or sans alliage, Bernard tressaillit, et le charme recommença. Hélène et lui se trouvaient en cet instant près d'une petite porte qui donnait sur la campagne. Hélène l'ouvrit, et, passant sa main sur le bras de Bernard :

— Venez, ajouta-t-elle. Il est encore de bonne heure, et mon père s'est vanté hier soir en vous offrant d'aller battre avec vous, ce matin, nos landes et nos guérets. Vous serez obligé de vous contenter d'une promenade avec moi à travers champs. Vous y perdrez ; mais les lièvres y gagneront.

— Tenez, Mademoiselle, dit Bernard

d'une voix tremblante en se dégageant
doucement de la main d'Hélène, je vous
vénère et vous honore. Je vous crois aussi
noble que belle; je sens que douter de
vous, ce serait douter de Dieu même. Vous
avez aimé mon père; vous avez été l'ange
gardien de sa vieillesse. Vous l'avez assisté
souffrant; vous vous êtes assise à son chevet; vous l'avez aidé à mourir. Soyez-en
remerciée et bénie. Vous avez rempli les
devoirs de l'absent; je vous en garderai
dans mon cœur une reconnaissance éternelle. Cependant laissez-moi partir. Je ne
saurais vous expliquer les motifs impérieux qui m'en font une loi; mais puisque
je la subis, cette loi, puisque j'ai la force
de m'arracher à la grâce de vos instances,
vous devez comprendre, Mademoiselle,

que les motifs qui me commandent sont bien impérieux en effet.

— Monsieur, répondit mademoiselle de La Seiglière, qui croyait connaître ces motifs dont parlait Bernard; si vous êtes seul ici-bas, si vous n'avez point d'affection sérieuse qui vous appelle ailleurs, si votre cœur est libre de tout lien, je ne sais rien qui vous puisse dispenser de vivre au milieu de nous.

— Je suis seul ici-bas, et mon cœur est libre de tout lien, répliqua tristement le jeune homme; mais songez que je ne suis qu'un soldat de mœurs rudes et sans doute grossières. Je n'ai ni les goûts, ni les habitudes, ni les opinions de monsieur votre père. Étranger au monde où vous vivez, j'y serais importun, et moi-même j'y souffrirais peut-être.

— N'est-ce que cela, monsieur? dit Hélène. Mais songez donc à votre tour que vous êtes ici sur vos terres, et que nul ne songera jamais à contrarier vos goûts, vos habitudes et vos opinions. Mon père est un esprit aimable, indulgent et facile. Vous nous verrez à vos heures ; si vous le préférez, vous ne nous verrez jamais. Vous choisirez le genre de vie qui vous conviendra le mieux, et, à part la température, dont nous ne saurions disposer, il ne tiendra qu'à vous de vous croire encore en pleine Sibérie. Seulement vous ne gèlerez pas, et vous aurez la France à votre porte.

— Soyez sûre, mademoiselle, répondit

Bernard, que ma place n'est point chez le marquis de La Seiglière.

— C'est me faire entendre, monsieur, que ce n'est point ici notre place, répondit mademoiselle de La Seiglière, car nous sommes ici chez vous.

Ainsi ces deux cœurs honnêtes et charmants abdiquaient chacun de son côté pour ne pas s'humilier l'un l'autre. Bernard rougit, se troubla et se tut.

— Vous voyez bien, monsieur, que vous ne pouvez pas partir, et vous ne partirez pas. Venez, ajouta Hélène en reprenant le bras du jeune homme. Je vous ai hier transmis, pour ainsi dire, les derniers jours de votre père; il me reste encore un dépôt qu'il m'a confié à son lit de mort, et que je tiens à vous remettre.

A ces mots, elle entraîna Bernard qui la suivit encore une fois, et tous deux s'enfoncèrent dans un sentier couvert qui courait à travers les terres entre deux haies d'épines et de troënes. Il faisait une de ces riantes matinées que n'ont point encore voilées les mélancolies de l'automne. Bernard reconnaissait les sites au milieu desquels il s'était élevé; à chaque pas, il éveillait un souvenir ; à chaque détour de haie, il rencontrait une fraîche image de ses jeunes années. Ainsi marchant, tous deux s'entretenaient des jours écoulés. Bernard disait son enfance turbulente ; Hélène racontait sa jeunesse grave et sérieuse. Parfois ils s'arrêtaient, soit pour échanger une idée, une observation ou un sentiment, soit pour cueillir les menthes et les digitales qui bordaient les marges du chemin, soit pour admirer les effets de lumière sur les prés et sur les côteaux; puis, tout surpris de quelque révélation sympathique, ils poursuivaient leur route en silence jusqu'à ce qu'un nouvel incident vînt interrompre le langage muet de leurs âmes. S'il paraissait étrange, disons le mot, inconvenant, à quelques esprits rigoristes et timorés que la fille du marquis de La Seiglière se promenât, en toilette de matin, au bras de ce jeune homme qu'elle avait vu la veille pour la première fois, c'est que ces esprits, dont nous respectons d'ailleurs les susceptibilités exquises, oublieraient que mademoiselle de La Seiglière était trop chaste et trop pure pour avoir la pudeur et la retenue que le monde enseigne à ses vestales ; nous leur rappellerions aussi qu'Hélène avait grandi dans la solitude et dans la liberté, et qu'enfin, en suivant le secret penchant de son cœur, elle croyait accomplir un devoir. Au bout d'une heure de marche, ils arrivèrent, sans y songer et sans l'avoir cherchée, à la ferme où Bernard était né. A la vue de cette humble habitation où rien n'avait changé, Bernard ne put retenir son émotion. Il voulut tout revoir et tout visiter ; puis il alla s'asseoir auprès d'Hélène, dans la cour, sur ce même banc où son père s'était assis quelques jours avant d'expirer. Tous deux étaient attendris, et ils restèrent silencieux. Quand Bernard releva sa tête, qu'il avait tenue longtemps entre ses mains, son visage était mouillé de larmes.

— Mademoiselle, dit-il en se tournant vers Hélène, j'ai raconté hier devant vous six années d'exil et de dur esclavage. Vous êtes bonne, je le sais, je le sens. Peut-être avez-vous plaint mon martyre, et pourtant, dans ce récit indiscret de mes maux et de mes misères, je n'ai pas fait entrer la plus cruelle de mes tortures. Cette torture n'a point cessé, je la porte en moi comme un vautour qui me ronge le sein. Quand je quittai mon père, il était vieux déjà et seul au monde. Vainement m'objecta-t-il qu'il n'avait plus que moi sur la terre. Je le délaissai sans pitié pour courir après ce fantôme qui s'appelle la gloire. Au milieu du bruit des camps et des enivrements de la guerre, je ne songeais pas que j'étais un ingrat; dans le silence de la captivité, je me sentis écrasé tout d'un coup sous le poids d'une pensée terrible. Je me représentai mon vieux père sans parents, sans amis, sans famille, frappé d'abandon, pleurant ma mort, mais accusant ma vie. Dès-lors, cette pensée qu'il se plaignait de moi et qu'il accusait ma tendresse ne me donna ni trêve ni merci ; ce devint le mal de mon cœur, et je me demande encore à cette heure s'il m'a pardonné en mourant.

— Il est mort en bénissant votre mémoire, répondit la jeune fille; il est parti joyeux, avec le doux espoir d'aller vous embrasser là-haut.

— Jamais ne parla-t-il de moi avec amertume?

— Il ne parla jamais de vous qu'avec amour, avec enthousiasme.

— Jamais n'a-t-il maudit mon départ?

— Il n'a jamais que tressailli d'orgueil à l'idée de vos glorieux travaux. Vous n'étiez plus pour lui, et cependant vous étiez encore sa vie tout entière. Il vous pleurait, et cependant il n'existait qu'en vous et que par vous. Près d'expirer, il me livra vos lettres comme ce qui lui restait de plus cher et de plus précieux à léguer. Ces lettres, les voici, dit Hélène en les tirant d'un sac de velours et en les remettant à Bernard ; elles m'ont appris à connaître et à aimer la France, et j'ai vu souvent votre père les tremper de ses pleurs et de ses baisers.

— Mademoiselle, dit Bernard d'une voix émue, vous qui avez aidé le père à mourir et qui aidez le fils à vivre, soyez remerciée et bénie encore une fois.

Ils s'en retournèrent plus silencieux qu'ils n'étaient venus. Encore sous le coup du rêve affreux qu'il avait fait la nuit, M. de La Seiglière reçut cordialement Bernard, qui ne put se dispenser de s'asseoir à la table du déjeuner, entre le marquis et sa fille. Livré à lui-même, le marquis fut charmant, et s'il lui échappa quelques imprudences, ces étourderies eurent un caractère de franchise et de loyauté qui ne déplut pas à la nature loyale et franche de son hôte. Le repas achevé, la journée s'écoula comme un rêve, Bernard toujours prêt à partir, et toujours empêché par quelque nouvel épisode. Il feuilleta des albums avec Hélène, passa dans la salle de billard avec le marquis, se laissa promener en calèche découverte, visita les écuries du château, parla de chevaux avec le vieux gentilhomme qui les aimait et prétendait s'y connaître. Dans l'après-midi survint madame de Vaubert, qui déploya toutes les chatteries de sa grâce et de son esprit. Le dîner fut presque joyeux. Le soir, au coin du feu, Bernard s'oublia encore une fois à raconter ses batailles. Bref, sur le coup de minuit, après avoir serré la main du marquis, il se retira dans son appartement, et, tout en se promettant de s'éloigner le lendemain, il fuma un cigare, se coucha et fit de doux songes.

Que devenait cependant notre jeune baron? Dans la matinée de ce même jour, madame de Vaubert, qui avait détourné son fils de se présenter, la veille, au château, le fit appeler auprès d'elle.

— Raoul, lui dit-elle aussitôt, m'aimez-vous?

— Quelle question, ma mère! répondit le jeune homme.

— M'êtes-vous dévoué corps et âme?

— En avez-vous jamais douté ?

— Si de graves intérêts qui me concernent vous obligeaient de partir pour Paris ?

— Je partirais.

— Immédiatement ?

— Je vais partir.

— Sans perdre une heure ?

— Je pars, dit Raoul en prenant son chapeau.

— C'est bien, dit madame de Vaubert. Cette lettre renferme mes instructions; vous ne l'ouvrirez qu'à Paris. La malle de Bordeaux passera à Poitiers dans deux

heures. Voici de l'or. Embrassez-moi.
Maintenant, partez.

— Sans présenter mes adieux au marquis et mes hommages à sa fille? demanda Raoul hésitant.

— Je m'en charge, dit la baronne.

— Cependant...

— Raoul, m'aimez-vous?

— Que penseront?...

— M'êtes-vous dévoué?

— Ma mère, je suis parti.

Trois heures après, M. de Vaubert roulait vers Paris, moins perplexe et moins intrigué qu'on ne pourrait se l'imaginer, et convaincu que sa mère l'envoyait tout simplement acheter les présents de noce. A peine arrivé, il brisa le cachet de l'enveloppe qui renfermait les instructions de la baronne, et il lut les instructions suivantes :

« Amusez-vous, voyez le monde, ne fré-
« quentez que des gens de votre rang, ne
« dérogez en rien ni jamais, ménagez votre
« jeunesse, ne songez à revenir que lors-
« que je vous rappellerai, et reposez-vous
« sur moi du soin de votre bonheur. »

Raoul ne comprit pas et ne chercha point à comprendre. Le lendemain, il marchait gravement sur le boulevard, l'air froid et compassé, et, au milieu des splendeurs de ce Paris qu'il voyait pour la première fois, aussi peu curieux de voir et d'observer que s'il se promenait sur ses terres.

II

Des semaines, des mois s'écoulèrent.
Toujours prêt à partir, Bernard ne partit
pas. La saison était belle; il chassa, monta
les chevaux du marquis, et finit par se laisser aller au courant de cette vie élégante
et facile qui s'appelle la vie de château.
Les saillies du marquis lui plaisaient; bien
qu'il conservât encore auprès de madame

de Vaubert un sentiment de vague défiance et d'inexplicable malaise, il avait subi, cependant, sans chercher à s'en rendre compte, le charme de sa grâce et de son esprit. Les repas étaient gais, les vins étaient exquis; les promenades, à la nuit tombante, sur le bord du Clain ou sous les arbres du parc effeuillé par l'automne, les causeries autour de l'âtre, la discussion, les longs récits, abrégeaient les soirées oisives. Lorsqu'il échappait au marquis quelque aristocratique boutade qui éclatait comme une obus sous les pieds de Bernard, Hélène, qui travaillait sous la lueur de la lampe à quelque ouvrage d'aiguille, levait sa blonde tête et fermait avec un sourire la blessure que son père avait faite. Mademoiselle de La Seiglière, qui continuait de croire que ce jeune homme était au château dans une position pénible, humiliante et précaire, n'avait d'autre préoccupation que de la lui faire oublier, et cette erreur valait à Bernard de si doux dédommagements, qu'il supportait avec une héroïque patience dont il était étonné lui-même les étourderies de l'incorrigible vieillard. D'ailleurs, quoiqu'ils ne s'entendissent sur rien, Bernard et le marquis en étaient arrivés à se prendre d'une espèce d'affection l'un pour l'autre. Le caractère ouvert du fils Stamply, sa nature franche et loyale, son attitude ferme, sa parole brusque et hardie, l'exaltation même de ses sentiments toutes les fois qu'il était question des batailles de l'empire et de la gloire de son empereur, ne répugnaient pas au vieux gentilhomme. D'un autre côté, les chevaleresques enfantillages du grand seigneur agréaient assez au jeune soldat. Ils chassaient ensemble, couraient à cheval, jouaient au billard, discutaient sur la politique, s'emportaient, bataillaient, et n'étaient pas loin de s'aimer. — Ma foi! pensait le marquis, pour un hussard, fils de manant, ce brave garçon n'est vraiment pas trop mal — Eh bien! se disait Bernard, pour un marquis, voltigeur de l'ancien régime, ce vieux bonhomme n'est pas trop déplaisant. — Et le soir en se quittant, le matin en se retrouvant, ils se serraient cordialement la main.

L'automne tirait à sa fin; l'hiver fit sentir plus vivement encore à Bernard les joies du foyer et les délices de l'intimité. Depuis son installation au château, on avait cru devoir éloigner par prudence la tourbe des visiteurs. On vivait en famille : les fêtes avaient cessé. Bernard, qui avait passé le précédent hiver dans les steppes hyperborées ne songea plus à résister aux séductions d'un intérieur aimable et charmant. Il reconnut qu'en fin de compte ces nobles avaient du bon et qu'ils gagnaient à être vus de près ; il se demanda ce qu'il serait devenu, triste et seul, dans ce château désert ; il se dit qu'il manquerait de respect à la mémoire de son père en agissant de rigueur contre les êtres qui avaient égayé la fin de ses jours, et que, puisqu'on ne lui contestait pas ses droits, il devait laisser au temps, à la délicatesse et à la loyauté de ses hôtes, le soin de terminer convenablement cette étrange histoire, sans secousses, sans luttes et sans déchirements. Bref, en s'abandonnant mollement à la dérive du flot qui le berçait, il ne manqua pas de bonnes raisons pour excuser à ses propres yeux et pour justifier sa faiblesse. Il en était une qui les valait toutes ; ce fut la seule qu'il ne se donna pas.

Le temps fuyait, pour Hélène, léger et rapide ; pour Bernard, rapide et léger. Il n'était pas besoin d'une bien grande perspicacité pour prévoir ce qui s'allait passer entre ces deux jeunes cœurs ; mais notre gentilhomme, qui s'entendait en amour comme en politique, ne devait pas aborder l'idée que son sang pût s'éprendre pour celui de son ancien fermier. D'une autre part, madame de Vaubert, qui, avec toutes les finesses de l'esprit, n'avait jamais soupçonné les surprises de la passion, ne pouvait pas raisonnablement supposer que la présence de Bernard dût éclipser l'image de Raoul. Mademoiselle de La Seiglière ne le supposait pas davantage. Cette enfant se doutait si peu de l'amour, qu'elle croyait aimer son fiancé; et, se reconnaissant devant Dieu l'épouse de M. de Vaubert, vis-à-vis de Bernard croyant n'être que généreuse, elle s'abandonnait sans défiance au courant mystérieux qui l'entraînait vers lui.

Elle comparait bien parfois la jeunesse

héroïque de celui-ci à l'existence oisive de celui-là ; parfois, à la lecture des lettres de Raoul, songeant aux lettres de Bernard, elle s'étonnait bien de trouver la tendresse de l'amant moins brûlante et moins exaltée que ne l'était la tendresse du fils ; quand, l'œil étincelant, le front illuminé de magiques reflets, Bernard parlait de gloire et de combats, ou qu'assis auprès d'elle il la contemplait en silence, Hélène sentait bien remuer dans son sein ému quelque chose d'étrange qu'elle n'avait jamais éprouvé en présence de son beau fiancé ; mais comment aurait-elle pu deviner l'amour aux tressaillements de son être, elle qui, jusqu'alors, avait pris pour l'amour un sentiment tiède et paisible, sans trouble et sans mystère, sans douleur et sans joie?

Enfin, Bernard lui-même s'enivrait à son insu du charme qui l'enveloppait, et c'est ainsi que ces deux jeunes gens se voyaient chaque jour, en toute liberté comme en toute innocence, s'efforçant de se faire oublier l'un à l'autre leur position respective, Hélène, redoublant de grâce, Bernard d'humilité, et ne comprenant pas l'un et l'autre que, sous ces adorables délicatesses, l'amour s'était déjà glissé. Cependant il arriva qu'un jour ils en eurent simultanément une vague révélation.

Peu de temps avant l'arrivée de Bernard, par une de ces fantaisies de jeunesse assez familières à la vieillesse du marquis, celui-ci avait fait l'acquisition d'un jeune cheval pur sang limousin qui passait pour indomptable, et que nul encore n'avait pu monter. Hélène l'avait appelé Roland, par allusion sans doute au Roland furieux. Un pauvre diable, qui se donnait pour un centaure, s'étant avisé de vouloir le soumettre, Roland l'avait désarçonné, et le centaure s'était cassé les reins. Dès-lors, personne n'avait osé se frotter au rude joûteur, qu'on vantait d'ailleurs à dix lieues à la ronde pour sa merveilleuse beauté et pour la pureté de sa race. Un jour qu'il en était question, Bernard se fit fort de le mater, de le soumettre et de le rendre, en moins d'un mois, doux et docile comme un mouton bridé. Madame de Vaubert l'encouragea à le tenter; le marquis s'efforça de l'en dissuader; Hélène le supplia de n'en rien faire. Piqué d'honneur, Bernard courut aux écuries et parut bientôt sous le balcon où se tenaient la baronne, M. de La Seiglière et sa fille, en selle sur Roland magnifique et terrible. Indigné du frein, la bouche écumante, les naseaux en feu et les yeux sanglants comme une cavale sauvage qui sentirait la sangle et le mors, le superbe animal bondissait avec une incroyable furie, se cabrait, pirouettait et se dressait debout sur ses jarrets d'acier, le tout à la visible satisfaction de madame de Vaubert, qui semblait prendre le plus vif intérêt à cet exercice, et aux applaudissements du marquis qu'émerveillaient la grâce et l'adresse de l'écuyer.

— Ventre-saint-gris! jeune homme, vous êtes du sang des Lapithes, s'écria-t-il en battant des mains.

Quand Bernard rentra dans le salon, il aperçut Hélène plus pâle que la mort. Le reste de la journée, mademoiselle de La Seiglière ne lui adressa pas un mot ni un regard; seulement, à la veillée, comme Bernard, qui craignait de l'avoir offensée, se tenait auprès d'elle, triste et silencieux, tandis que le marquis et madame de Vaubert étaient absorbés par une partie d'échecs :

— Pourquoi jouez-vous follement votre vie? dit à voix basse et froidement Hélène, sans lever les yeux et sans interrompre son ouvrage de broderie.

— Ma vie? répondit Bernard en souriant; c'est un bien pauvre enjeu.

— Vous n'en savez rien, dit Hélène.

— Croyez que nul ne s'en soucie, répliqua Bernard d'une tremblante voix.

— Vous n'en savez rien, dit Hélène. D'ailleurs, c'est une impiété de disposer ainsi d'un don de Dieu.

— Échec et mat! s'écria le marquis. Jeune homme, ajouta-t-il en se tournant vers Bernard, je vous répète que vous êtes du sang des Lapithes.

— A la façon dont il s'y prend, dit à son tour madame de Vaubert, je veux qu'avant huit jours monsieur Bernard soit maître de Roland et le mène comme un agneau.

— Vous ne monterez jamais ce cheval, dit d'un ton de froide et calme autorité mademoiselle de La Seiglière, les yeux toujours baissés sur son ouvrage et de manière à n'être entendue que du jeune homme, qui se retira presque aussitôt pour cacher le trouble de son cœur.

III

Les choses en étaient là, et rien ne faisait présumer qu'elles dussent prendre de longtemps ni jamais une face nouvelle. Carrément établie, la position de Bernard paraissait inattaquable, et tout ce que le marquis pouvait raisonnablement espérer, c'était qu'il plût à ce jeune homme de n'y rien changer et de s'y tenir. A parler net, le marquis était aux champs. Instinctivement entraîné vers Bernard, il l'aimait ou plutôt il le tolérait volontiers, toutes les fois qu'emporté par la légèreté de son naturel, il oubliait à quel titre le fils Stamply s'asseyait à sa table et à son foyer; mais aux heures de réflexion, aussitôt qu'écrasé sous le sentiment de sa dépendance, il retombait dans le vrai de la situation, le marquis ne voyait plus en lui qu'un ennemi à domicile, une épée de Damoclès suspendue par un fil et flamboyant au-dessus de sa tête. Il y avait pour lui deux Bernard, l'un qui ne lui déplaisait pas, l'autre qu'il aurait voulu voir s'abîmer à cent pieds sous terre. Il n'avait plus, quand il en parlait avec madame de Vaubert, ces jolies colères et ces charmants emportements que nous lui voyions autrefois. Ce n'était plus ce marquis pétulant et fringant, rompant à chaque instant son attache, et s'échappant par sauts et par bonds dans les champs de la fantaisie. La réalité l'avait dompté, et si parfois encore il essayait de se dérober, la rude écuyère l'arrêtait court en lui enfonçant dans les flancs ses éperons de fer. Madame de Vaubert était loin elle-même de cette mâle assurance qu'elle avait montrée d'abord. Non qu'elle eût abandonné la partie : madame de Vaubert n'était point femme à si tôt se décourager ; mais, quoi qu'elle pût dire pour le rassurer, le marquis la sentait hésitante, incertaine, troublée, irrésolue. Le fait est que la baronne n'avait plus cette confiante intrépidité qui l'avait longtemps soutenue, et qu'elle était longtemps parvenue à faire passer dans le cœur du vieux gentilhomme. En étudiant Bernard, en l'observant de près, en le regardant vivre, elle avait su se convaincre que ce n'était là ni un esprit ni un caractère avec lesquels il fut permis d'entrer en accommodements; elle comprenait qu'elle avait affaire à une de ces âmes susceptibles et fières qui imposent des conditions, mais qui n'en reçoivent pas, qui peuvent abdiquer, mais qui ne transigent jamais. Or, comme il s'agissait ici d'une abdication d'un million, il n'était pas vraisemblable que Bernard s'y résignât aisément, quelque désintéressé qu'on le supposât. Mademoiselle de La Seiglière pouvait seule tenter d'accomplir un pareil miracle; elle seule pouvait consommer l'œuvre de séduction qu'avaient, à l'insu d'elle-même, commencée victorieusement sa beauté, sa grâce et sa jeunesse. Malheureusement Hélène n'était qu'un esprit simple et qu'une âme honnête. Si elle avait le charme qui fait les lions amoureux, elle ignorait l'art de leur limer les dents et de leur rogner les griffes. Par quels détours, par quels enchantements amener ce noble cœur à devenir, sans qu'il s'en doutât, l'instrument de la ruse et le complice de l'intrigue ? Tel était le secret que tout le génie de madame de Vaubert s'épuisait vainement à chercher. Ses entretiens avec le marquis n'avaient plus la verve et l'entrain qui les animaient naguère. Ce n'étaient plus ce haut dédain, ce mépris superbe, cette verte allure qui,

plus d'une fois peut-être, ont fait sourire
le lecteur. Quand le chasseur part le matin, aux premières blancheurs de l'aube,
rempli d'ardeur et d'espérance, il aspire
l'air à pleins poumons, et trempe avec délices ses pieds dans la rosée des champs et
des guérets. A le voir ainsi, le fusil sur
l'épaule, escorté de ses chiens, on dirait
qu'il marche à la conquête du monde. Cependant, sur le coup de midi, quand les
chiens n'ont fait lever ni perdreaux ni
lièvres, et que le chasseur prévoit qu'il
rentrera le soir, au gîte, le carnier vide,
sans avoir brûlé une amorce, à moins
qu'il ne tire sa poudre aux linots : à travers les ronces qui déchirent ses guêtres,
sous le soleil en feu qui tombe d'aplomb
sur sa tête, il ne va plus que d'un pas bou-

deur, et s'assied découragé sous la première haie qu'il rencontre. C'est un peu là l'histoire du marquis et de la baronne. Ils en sont à l'heure de midi sans avoir pris le moindre gibier ; plus à plaindre même que le chasseur, c'est le gibier qui les a pris.

— Eh bien! Madame la baronne? demandait parfois le marquis en secouant la tête d'un air consterné.

— Eh bien ! marquis répondait madame de Vaubert, il faut voir, il faut attendre. Ce Bernard n'est pas précisément le drôle sur lequel nous avions compté. Feinte ou réelle, ça ne manque ni d'une certaine élévation dans les idées ni d'une certaine distinction dans les sentiments. Aujourd'hui tout le monde s'en mêle. Grâce aux bienfaits d'une révolution qui a confondu toutes les classes et supprimé toutes les lignes de démarcation, la canaille a la prétention d'avoir le cœur au niveau du nôtre ; il n'est pas de gens si piètres qui ne se crussent déshonorés, s'ils n'affichaient la fierté d'un Rohan et l'orgueil d'un Montmorency. Cela fait pitié, mais cela est. Ces gens-là finiront par blasonner leur crasse et par avoir des armoiries.

— Toujours est-il, madame la baronne, ajoutait le marquis, que nous jouons un vilain jeu, et que nous n'avons même pas la chance pour excuse ; grâce à vos conseils, je suis en passe de perdre du même coup ma fortune et mon honneur : c'est trop de deux. Comment finira cette comédie? Vous me répétez sans cesse que nous tenons notre proie; c'est, par Dieu! bien plutôt notre proie qui nous tient. C'est un rat que nous avons emprisonné dans un fromage de Hollande.

— Il faut voir, il faut attendre, répétait madame de Vaubert. Henri IV n'a pas conquis son royaume en un jour.

— Il l'a conquis à cheval, à la pointe d'une épée sans tache.

— Vous oubliez la messe.

— C'était une messe basse; celle que j'entends dure depuis trois mois, et je n'en suis encore qu'à l'*Introït*.

Quoiqu'il lui en coûtât de mettre des étrangers dans le secret de cette aventure, qui n'était d'ailleurs un secret pour personne, quelque répugnance qu'il éprouvât à se commettre avec des gens de loi, le marquis en était arrivé à un tel état de perplexité, qu'il se décida à prendre l'avis d'un célèbre jurisconsulte qui florissait alors à Poitiers, où il passait pour le d'Aguesseau de l'endroit. M. de La Seiglière doutait encore de la validité des droits de son hôte; il se refusait à croire qu'un législateur, fût-il Corse, eût poussé l'iniquité au point d'encourager et de légitimer des prétentions si exorbitantes. Au risque de perdre sa dernière espérance, il fit appeler un matin dans son cabinet le d'Aguesseau poitevin, et lui expliqua nettement la chose, à cette fin de savoir s'il était un moyen honnête de se débarrasser de Bernard, ou du moins de l'amener forcément à une transaction qui ne compromettrait ni l'honneur ni la fortune de sa race. Ce célèbre jurisconsulte, il se nommait Des Tournelles, était un petit vieillard fin, spirituel et goguenard, d'une bonne noblesse de robe, à ce titre estimant peu la noblesse d'épée et n'aimant point en particulier les La Seiglière, qui avaient de tout temps traité de bourgeoisie les fourrures et les mortiers. En outre, il avait gardé mémoire d'une rencontre dans laquelle notre gentilhomme l'avait reçu du haut en bas, incident sans portée qui remontait à plus de trente ans, depuis plus de trente ans oublié de l'offenseur, mais dont le souvenir saignait encore au cœur de l'offensé. M. Des Tournelles fut secrètement charmé de voir le marquis dans un si mauvais cas. Après avoir approfondi l'affaire, après s'être assuré qu'aux termes même de l'acte de donation passé entre le vieux Stamply et son ancien maître, les droits du donataire étaient révoqués dans leur intégrité par le seul fait de l'existence du fils du donateur, il prit un malin plaisir à démontrer au gentilhomme que non seulement la loi ne lui offrait aucun moyen d'expulser Bernard, mais encore qu'elle autorisait celui-ci à le mettre, lui et sa fille, littéralement à la belle étoile. Le vieux renard ne s'en tint pas là. Sous forme d'argumentation, il défendit le principe qui réintégrait Bernard dans la propriété de son père; il développa la pensée du législateur; il soutint qu'en ceci, loin d'être inique, ainsi que l'affirmait M. de La Seiglière, la loi n'était que juste, prévoyante, sage et maternelle. Vainement le marquis se récria, vainement il accusa la république d'exaction, de violence et d'usurpation, vainement il essaya d'établir qu'il tenait ses biens non de la libéralité, mais de la probité de son ancien fermier, vainement il tenta encore une fois de s'esquiver par les mille et un détours qu'il connaissait si bien; le légiste lui prouva poliment qu'en s'appropriant les biens territoriaux des émigrés, la république n'avait fait qu'user d'un droit légitime, et qu'en lui restituant le domaine de ses pères, son ancien fermier n'avait fait qu'accomplir un acte de munificence. Sous prétexte d'éclairer la question, il écrasa complaisamment le grand seigneur sous la générosité du vieux gueux. Doué d'une inépuisable faconde, les paroles s'échappaient de sa bouche comme d'un carquois une nuée de flèches, si bien que le pauvre marquis, criblé de piqûres et pareil à un homme qui se fût jeté étourdiment dans un essaim d'abeilles, suait à grosses gouttes et s'agitait dans son fauteuil, maudissant l'idée qu'il avait eue de faire venir cet impitoyable bavard, et n'ayant même pas la ressource de l'emportement et de la colère, tant le bourreau s'y prenait avec grâce, politesse et dextérité. Il y eut un instant où, poussé à bout :

— Assez ! monsieur, assez ! s'écria-t-il ;

ventre-saint-gris! vous abusez, ce me semble, de l'érudition et de l'éloquence. Je suis suffisamment instruit, et ne désire pas en savoir davantage.

— Monsieur le marquis, répliqua sévèrement le madré vieillard qui prenait goût au jeu et ne devait lâcher la partie qu'après s'être gorgé du sang de sa victime, je suis ici le médecin de votre fortune et de votre honneur, et je me croirais indigne de la confiance que vous m'avez témoignée en ce jour, si je n'y répondais par une franchise pour le moins égale. Le cas est grave; ce n'est ni avec des restrictions de votre part, ni avec des ménagements de la mienne que vous pouvez espérer en sortir.

Ces derniers mots tombèrent comme une rosée bienfaisante sur le cœur ulcéré du marquis.

— Ah çà! Monsieur, demanda-t-il d'un air hésitant et soumis, tout n'est donc pas désespéré?

— Non, sans doute, répondit en souriant le rusé Des Tournelles, pourvu toutefois que vous vous résigniez à tout avouer et à tout entendre. Je vous le répète, monsieur le marquis, vous ne devez voir en moi qu'un médecin venu pour étudier votre mal et pour tenter de le guérir.

Amolli par la crainte, alléché par l'espoir, encouragé d'ailleurs par l'apparente bonhomie sous laquelle le vieux serpent cachait ses perfides desseins, le marquis se laissa aller à des épanchements exagérés. Pour nous en tenir à la comparaison du jurisconsulte, il lui arriva ce qui arrive aux gens qui, après avoir passé leur vie à se railler de la médecine, se jettent aveuglément entre les bras des médecins aussitôt qu'ils ont cru sentir à leur chevet le souffle glacé de la mort. A part quelques détails qu'il crut devoir omettre, il dit tout, son retour, l'arrivée de Bernard, et de quelle façon ce jeune homme était installé au château. Poussé par le diabolique Des Tournelles, qui l'interrompait çà et là en s'écriant : — Très bien ! c'est très bien ! c'est moins grave que je ne l'avais d'abord imaginé ; du courage, monsieur le marquis ! cela va bien, nous en sortirons — il mit sa position à nu et se déshabilla, c'est le mot, tandis que, le menton appuyé sur le bec à corbin de sa canne, le vieux roué étouffait de joie dans sa peau de voir l'orgueilleux gentilhomme étalant ses infirmités et découvrant sans pudeur les plaies de son égoïsme et de son orgueil. Quand celui-ci fut au bout de ses confidences, M. Des Tournelles prit un air soucieux et hocha tristement la tête.

— C'est grave, dit-il, c'est très grave, c'est plus grave que je ne le croyais tout-à-l'heure. Monsieur le marquis, il ne faut pas vous dissimuler que vous êtes dans la plus fâcheuse position où se soit jamais trouvé gentilhomme d'aucun temps et d'aucun pays. Vous n'êtes plus chez vous. Ce n'est pas vous qui tolérez Bernard, c'est lui qui vous tolère. Vous êtes à sa merci ; vous dépendez d'un de ses caprices. Ce garçon peut, d'un jour à l'autre, vous signifier votre congé. C'est grave, c'est très grave, c'est excessivement grave.

— Je le sais pardieu bien, que c'est grave ! s'écria le marquis avec humeur ; vous me répéterez cela cent fois que vous ne m'apprendrez rien de nouveau.

— Je n'ignore pas, poursuivit tranquillement M. Des Tournelles sans s'arrêter à l'interruption du marquis, je suis loin d'ignorer que ce jeune homme a tout in-

térêt à vous conserver sous son toit, vous
et votre aimable fille ; je sais qu'il se procurerait difficilement des hôtes aussi distingués et qui lui fissent plus d'honneur.
Je vais plus loin : je prétends qu'il est de
son devoir de chercher à vous retenir ; je
soutiens que la piété filiale lui commande
impérieusement de vous enchaîner à sa
fortune. Vous avez été si bon pour son
père ! On a dit avec raison que ce vieillard
s'était enrichi en se dépouillant, tant vous
l'avez entouré, sur la fin de ses jours, d'attentions, de soins, de tendresse et d'égards ! Spectacle charmant ! Il est beau
de voir ainsi la main qui donne vaincue en
générosité par la main qui reçoit. Quoique
je n'aie pas l'avantage de connaître M. Bernard, je ne doute point de ses pieuses dis-

positions jusqu'à présent, tout révèle en lui un noble cœur, un esprit élevé, une âme reconnaissante. Mais, outre qu'il ne convient pas qu'un La Seiglière accepte une condition humiliante, la vie est semée d'écueils contre lesquels viennent nécessairement se briser tôt ou tard les intentions les plus pures, les résolutions les plus honnêtes. Bernard est jeune, il se mariera, il aura des enfants. Monsieur le marquis, je vous dois la vérité : c'est tout ce qu'on peut imaginer de plus grave.

— Que diable ! Monsieur, s'écria M. de La Seiglière, qui sentait son sang lui chauffer les oreilles, je vous ai fait venir, non pour calculer la profondeur de l'abîme où je suis tombé, mais pour m'indiquer un moyen d'en sortir. Commencez par m'en tirer, vous le mesurerez ensuite.

— Permettez, Monsieur, permettez, répliqua M. Des Tournelles ; avant de vous tendre une échelle, il est bon pourtant que je sache de quelle longueur il vous la faut. Monsieur le marquis, l'abîme est profond... Quel abîme !... si vous en revenez, vous pourrez vous flatter, comme Thésée, d'avoir vu les sombres bords. Et quelle histoire, Monsieur, que la vôtre ! quels bizarres jeux du sort ! quelles étranges vicissitudes ! Le marquis de La Seiglière, un des plus grands noms de l'histoire, un des premiers gentilshommes de France, rappelé de l'exil par un de ses vieux serviteurs ! Ce digne homme qui se dépouille pour enrichir son seigneur d'autrefois ! Ce fils qu'on croyait mort et qui revient un beau matin pour réclamer son héritage ! C'est un drame, c'est tout un roman ; nous n'avons rien de plus intéressant dans les annales judiciaires. Convenez, monsieur le marquis, que vous avez été bien surpris en voyant apparaître devant vous ce jeune guerrier, tué à la bataille de la Moskowa ! Quoique son retour dût jeter quelque trouble dans votre existence, je jurerais que ça ne vous a pas été désagréable de voir vivant et bien portant le fils de votre bienfaiteur.

— Au fait, Monsieur, au fait ! s'écria le marquis, près d'éclater et plus rouge qu'une pivoine. Savez-vous un moyen de me tirer de là?

— Vertudieu! monsieur le marquis, s'écria l'impitoyable vieillard, il faudra bien que nous en trouvions un. Vous ne pouvez pas rester dans un si cruel embarras. Il ne sera pas dit qu'un marquis de La Seiglière et sa fille auront vécu à la charge du fils de leur ancien fermier, exposés chaque jour à se voir renvoyés honteusement, comme des locataires qui n'auraient pas payé leur terme. Cela ne doit pas être, cela ne sera pas.

A ces mots, M. Des Tournelles parut se plonger dans une méditation savante. Il resta bien un bon quart-d'heure à tracer avec le bout de sa canne des ronds sur le parquet, ou, le nez en l'air, à regarder les moulures du plafond, tandis que le marquis l'examinait en silence avec une anxiété impossible à décrire, mais facile à comprendre, cherchant à lire sa destinée sur le front de ce diable d'homme, et passant tour à tour du découragement à l'espoir, selon l'expression inquiète ou souriante que le perfide Des Tournelles donnait au jeu de sa physionomie.

— Monsieur le marquis, dit-il enfin, la loi est formelle ; les droits du fils Stamply sont incontestables. Cependant, comme il n'est rien en droit qui ne puisse être contesté, j'ai la conviction qu'avec beaucoup de ruse et d'adresse vous pourrez réussir à faire débouter le fils Stamply de ses prétentions. Mais voici le diable ! pour en venir là, il faudra recourir aux subtilités de la loi, et vous, marquis de La Seiglière, vous ne consentirez jamais à vous engager dans les détours de la chicane.

— Jamais, Monsieur, jamais ! répliqua le marquis avec fierté ; mieux vaut sauter par la fenêtre que d'essuyer la boue des escaliers.

— J'en étais sûr, reprit M. Des Tournelles. Ces sentiments sont trop chevaleresques pour que je veuille les combattre. Permettez-moi seulement de vous faire observer qu'il s'agit du domaine de vos ancêtres, d'un million de propriétés, de l'avenir de votre fille et des destinées de votre race. Tout cela est à prendre en quelque considération. Je ne parle pas de vous, monsieur le marquis; vous avez le cœur le plus désintéressé qui ait jamais battu dans une poitrine humaine, la ruine vous effraie moins qu'une tache à votre blason. La misère ne vous fait pas peur; vous vivriez au besoin de racines et d'eau claire. C'est noble, c'est grand, c'est beau, c'est héroïque! Je vous vois déjà reprenant sans pâlir le chemin de la pauvreté. A ce tableau, mon cœur s'émeut et mon imagination s'exalte; car, on l'a dit avec raison, le plus magnifique spectacle qui se puisse voir, est la lutte de l'homme fort aux prises avec l'adversité. Mais votre fille, Monsieur, votre fille, car vous êtes père, monsieur le marquis ! s'il vous plaît d'accepter le rôle d'Œdipe, imposerez-vous à cette aimable enfant la tâche d'Antigone ? Que dis-je ! aussi impitoyable qu'Agamemnon, la sacrifierez-vous, nouvelle Iphigénie, sur l'autel de l'orgueil, à l'égoïsme de l'honneur ? Je conçois qu'il vous répugne de traîner votre nom devant les tribunaux, et d'arracher par ruse à la justice la consécration de vos droits. Cependant, songez-y, un million de propriétés ! Monsieur le marquis, vous êtes bien ici, ce luxe héréditaire vous sied à ravir et vous va comme un gant. Et puis, voyons, entre vous et moi, est-il plus honteux de chercher à frapper son adversaire au défaut de la loi, qu'il ne l'était autrefois, entre chevaliers, de se viser, la lance au poing, au joint de la visière et au défaut de la cuirasse ?

— Allons, Monsieur, dit le marquis après quelques instants d'hésitation silencieuse, si vous croyez pouvoir répondre du succès, par dévouement aux intérêts de ma chère et bien-aimée fille, je me résignerai à vider jusqu'à la lie le calice des humiliations.

— Triomphe de l'amour paternel! s'écria M. Des Tournelles. Ainsi, c'est convenu, nous plaidons. Il ne nous reste plus qu'à trouver par quelles délicatesses nous arrivons à dépouiller légalement de ses droits légitimes le fils du bonhomme qui vous a donné tous ses biens.

— Eh bien ! Monsieur ? demanda-t-il.

— Eh bien ! monsieur le marquis, répondit M. Des Tournelles en prenant tout d'un coup un air piteux et consterné, vous êtes perdu, perdu sans ressource, perdu sans espoir. Tout considéré, tout pesé, tout calculé, plaider serait un pas de clerc : vous y compromettriez votre réputation sans y sauver votre fortune. Je me ferais fort de tourner la loi et de vous arracher aux étreintes de l'article 960 du chapitre des donations ; avec le Code, il y a toujours moyen de s'arranger. Malheureusement, les termes de l'acte qui vous a réintégré dans vos biens sont trop nets, trop précis et trop explicites, pour qu'il soit permis, avec la meilleure volonté du monde, d'en altérer et d'en dénaturer le sens; un avoué lui-même y perdrait sa peine et son temps. Le vieux Stamply ne vous a fait don de sa fortune que dans la conviction que son fils était mort; le fils vit : donc le père ne vous a rien donné. Tirez-vous de là.

— Mais je voudrais bien savoir, s'écria-t-il d'un air vainqueur, pourquoi nous nous amusons, vous et moi, à chercher si loin un dénoûment fâcheux, s'il n'était impossible, lorsque nous en avons un là, tout près, sous la main, honorable autant qu'infaillible. Pour peu que vous possédiez vos auteurs comiques, vous n'êtes pas sans avoir remarqué sans doute que toutes les comédies finissent par un mariage, si bien qu'il semble que le mariage ait été spécialement institué pour l'agrément et pour l'utilité des poètes. Le mariage, monsieur le marquis! c'est le grand ressort, c'est le *Deus ex machinâ*, , c'est l'épée d'Alexandre tranchant le nœud gordien. Voyez Molière, voyez Regnard, voyez-les tous : comment sortiraient-ils de leurs inventions, s'ils n'en sortaient par un mariage ? Dans toutes les comédies, qui rapproche les familles divisées ? qui termine les différends ? qui clôt les procès, éteint les haines, met fin aux amours? Le mariage, toujours le mariage. Eh! vertu-dieu! s'il est vrai que le théâtre soit la peinture et l'expression de la vie réelle, qui nous empêche, nous aussi, de finir par un mariage ? Mademoiselle de La Seiglière est jeune, on la dit charmante ; de son côté. M. Bernard est jeune encore, et, dit-on, passablement tourné. Mariez-moi ces deux jeunesses : Molière lui-même, à cette aventure, n'eût pas cherché un autre dénoûment.

A ces mots, malgré la gravité de la situation, le marquis fut pris d'un tel accès d'hilarité, qu'il resta près de cinq minutes à se tenir les côtes et à se tordre dans son fauteuil en riant aux éclats.

—Par Dieu! Monsieur, s'écria-t-il enfin, depuis deux heures que vous me tenez sur la sellette, vous me deviez ce petit dédommagement. Répétez-moi cela, je vous prie.

— J'ai l'honneur de vous répéter, monsieur le marquis, repartit le malin vieillard avec un imperturbable sang-froid, que le seul moyen de concilier en cette affaire le soin de votre réputation et celui de vos intérêts, est d'offrir mademoiselle de La Seiglière en mariage au fils de votre ancien fermier.

Pour le coup, le marquis n'y tint plus. Il se renversa sur son fauteuil, se leva, fit deux fois le tour de la chambre, et vint se rasseoir, en proie aux convulsions de ce rire maladif qu'excite le chatouillement. Quand il se fut un peu calmé :

—Monsieur, s'écria-t-il, on m'avait bien dit que vous étiez un habile homme, mais j'étais loin de vous soupçonner de cette force-là. Ventre-saint-gris ! comme vous y allez! Quel coup-d'œil prompt et sûr! quelle façon d'arranger les choses! Pour en être, à votre âge, arrivé à ce point de savoir et d'érudition, il faut qu'on vous ait envoyé bien jeune à l'école. Monsieur votre père était sans doute procureur. Vous auriez rendu des points à Bartole, et maître Cujas n'eût pas été digne de serrer le nœud de votre catogan. Vive Dieu ! quel puits de science ! Madame Des Tournelles, quand vous la promenez le dimanche à Blossac, doit porter un peu haut la tête. — Monsieur le jurisconsulte, ajouta-t-il en changeant brusquement de ton, vous avez oublié que je vous ait fait appeler pour vous demander une consultation, et non pas un conseil,

—Mon Dieu! monsieur le marquis, reprit sans s'émouvoir M. Des Tournelles, je comprends parfaitement qu'une pareille proposition révolte vos nobles instincts. Je me mets à votre place ; j'accepte toutes vos répugnances, j'épouse toutes vos rébellions. Cependant, pour peu que vous daigniez y réfléchir, vous comprendrez à votre tour qu'il est des nécessités auxquelles l'orgueil le plus légitime est obligé parfois de se plier.

— Brisons là, Monsieur, dit le marquis d'un ton sévère qui n'admettait pas de réplique, ce qui n'empêcha pas le vieux fourbe de répliquer.

— Monsieur le marquis, reprit-il avec

fermeté, le sincère intérêt, les vives sympathies que m'inspire votre position, le respectueux attachement que j'ai voué de tout temps à votre illustre famille, la franchise et la loyauté bien connues de mon caractère, tout me fait une loi d'insister; j'insisterai, dussé-je, pour prix de mon dévoûment, encourir vos railleries ou votre colère. Je suppose qu'un jour le pied vous manque et que vous tombiez dans le Clain : ne serait-il pas criminel devant Dieu et devant les hommes, celui qui, pouvant vous sauver, ne vous tendrait pas une main secourable? Eh bien ! vous êtes tombé dans un gouffre cent fois plus profond que le lit de notre rivière, et je croirais faillir à tous mes devoirs, si je n'employais, au risque de vous blesser et de vous meurtrir, tous les moyens humainement possibles pour essayer de vous en arracher.

— Eh! Monsieur, s'écria le marquis, si c'est leur bon plaisir, laissez les gens se noyer en paix. Mieux vaut se noyer proprement dans une eau pure et transparente que de se retenir au déshonneur et de se cramponner à la honte.

— Ces sentiments vous honorent; je reconnais là le digne héritier d'une race de preux. Je crains seulement que vous ne vous exagériez les dangers d'une mésalliance. Il faut bien reconnaître qu'à tort ou à raison, les idées se sont singulièrement modifiées là-dessus. Monsieur le marquis, les temps sont durs. Quoique restaurée, la noblesse s'en va; sous le factice éclat qu'on vient de lui rendre, elle a déjà la mélancolie d'un astre qui pâlit et décline. J'ai la conviction qu'elle ne pourra retrouver son antique splendeur qu'en se retrempant dans la démocratie, qui déborde de toutes parts. J'ai mûrement réfléchi sur notre avenir, car, moi aussi, je suis gentilhomme, et ce qui prouve à quel point je suis pénétré de la nécessité où nous sommes de nous allier à la canaille, c'est que je me suis résigné tout récemment à marier ma fille aînée à un huissier. Que voulez-vous? Il en est aujourd'hui de l'aristocratie comme de ces métaux précieux qui ne peuvent se solidifier qu'en se combinant avec un grain d'alliage. Dans notre époque, une mésalliance n'est autre chose qu'un pare-à-tonnerre.

Déroger, c'est prendre un point d'appui, c'est se prémunir contre la tempête. Il se prépare à cette heure un jeu de bascule curieux à observer : avant qu'il soit vingt ans, le gentilhomme bourgeois aura remplacé le bourgeois gentilhomme. Voulez-vous, monsieur le marquis, connaître toute ma pensée ?

— Je n'y tiens pas, dit le marquis.

— Je vais donc vous la dire, reprit avec assurance l'abominable petit vieillard. Grâce à votre grand nom, à votre grande fortune, à votre grand esprit, grâce enfin à vos grandes manières, il se trouve naturellement que vous êtes peu aimé dans le pays. Vous avez des ennemis : quel homme supérieur n'en a pas? Plaignons l'être assez déshérité de la terre et du ciel pour n'en point avoir deux ou trois. A ce compte, vous en avez beaucoup ; pourrait-il en être autrement? Vous n'êtes pas populaire : quoi de plus simple, la popularité n'étant en toutes choses que le cachet de la sottise et la couronne de la médiocrité ? Bref, vous avez l'honneur d'être haï.

— Monsieur!...

— Trêve de modestie! on vous hait. Vous servez de point de mire aux boulets ramés d'un parti cauteleux dont l'audace grandit chaque jour, et qui menace de bientôt devenir la majorité de la nation. Je me garderai bien de vous rapporter les basses calomnies que ce parti sans foi ni loi ne se lasse pas de répandre, comme un venin, sur votre noble vie. Je sais trop quel respect vous est dû pour que je consente jamais à me faire l'écho de ces lâches et méchants propos. On vous blâme hautement d'avoir déserté la patrie au moment où la patrie était en danger; on vous accuse d'avoir porté les armes contre la France.

— Monsieur, répliqua M. de La Seiglière avec une vertueuse indignation, je n'ai jamais porté les armes contre personne.

— Je le crois, monsieur le marquis, j'en suis sûr; tous les honnêtes gens en sont convaincus comme moi; malheureuse-

ment les libéraux ne respectent rien, et
les honnêtes gens sont rares. On se plaît à
vous signaler comme un ennemi des libertés publiques ; le bruit court que vous détestez la charte ; on insinue que vous tendez à rétablir dans vos domaines la dîme,
la corvée et quelque autre droit du seigneur. On assure que vous avez écrit à sa
majesté Louis XVIII pour lui conseiller
d'entrer dans la chambre des députés éperonné, botté, le fouet au poing, comme
Louis XIV dans son parlement ; on affirme
que vous fêtez chaque année le jour anniversaire de la bataille de Waterloo ; on
vous soupçonne d'être affilié à la congrégation des jésuites ; enfin on va jusqu'à
dire que vous insultez ostensiblement à la
gloire de nos armées en attachant chaque

jour à la queue de votre cheval une rosette tricolore. Ce n'est pas tout, car la calomnie ne s'arrête pas en si beau chemin : on prétend que le vieux Stamply a été victime d'une captation indigne, et que, pour prix de ses bienfaits, vous l'avez laissé mourir de chagrin. Je ne voudrais pas vous effrayer; cependant je dois vous avouer qu'au point où en sont les choses, si une seconde révolution éclatait, et Dieu seul peut savoir ce que l'avenir nous réserve, il faudrait encore une fois vous empresser de fuir, sinon, monsieur le marquis, je ne répondrais pas de votre tête.

— Savez-vous bien, Monsieur, que c'est une infamie? s'écria M. de la Seiglière, à qui les paroles du satanique vieillard venaient de mettre la puce à l'oreille ; savez-vous que ces libéraux sont d'affreux coquins? Moi, l'ennemi des libertés publiques! Je les adore, les libertés publiques; et comment m'y prendrais-je pour détester la charte? je ne la connais pas. Les jésuites! mais, ventre-saint-gris! je n'en vis jamais la queue d'un. Le reste à l'avenant ; je ne daignerai pas répondre à des accusations qui partent de si bas. Quant à une seconde révolution, ajouta gaîment le marquis comme les poltrons qui chantent pour se rassurer, j'imagine, Monsieur, que vous voulez rire.

— Vertudieu, Monsieur, je ne ris point, répliqua vivement M. des Tournelles. L'avenir est gros de tempêtes ; le ciel est chargé de nuages livides : les passions politiques s'agitent sourdement ; le sol est miné sous nos pas. En vérité, je vous le dis, si vous ne voulez être surpris par l'ouragan, veillez, veillez sans cesse, prêtez l'oreille à tous les bruits, soyez nuit et jour sur vos gardes, n'ayez ni repos, ni trêve, ni répit, et puis tenez vos malles prêtes, afin de n'avoir plus qu'à les fermer au premier coup de tonnerre qui partira de l'horizon.

M. de La Seiglière pâlit, et regarda M. Des Tournelles avec épouvante. Après avoir joui quelques instants de l'effroi qu'il venait de jeter dans le cœur de l'infortuné :

— Sentez-vous maintenant, monsieur

le marquis, l'opportunité d'une mésalliance? Commencez-vous d'entrevoir qu'un mariage entre le fils Stamply et mademoiselle de La Seiglière serait, de votre part, un acte de politique haute et profonde? Comprenez-vous qu'ainsi faisant, vous changez la face des choses? On vous soupçonne de haïr le peuple; vous donnez votre fille au fils d'un paysan. On vous signale comme un ennemi de notre jeune gloire; vous adoptez un enfant de l'empire. On vous accuse d'ingratitude; vous mêlez votre sang à celui de votre bienfaiteur. Ainsi, vous confondez la calomni vous désarmez l'envie, vous ralliez à vous l'opinion, vous vous créez des alliances dans un parti qui veut votre ruine, vous assurez contre la foudre votre tête et votre fortune ; enfin, vous achevez de vieillir au sein du luxe et de l'opulence, heureux, tranquille, honoré, à l'abri des révolutions.

— Monsieur, dit le marquis avec dignité, s'il en est besoin, ma fille et moi, nous monterons sur l'échafaud. On peut répandre notre sang ; mais on ne le souillera pas tant qu'il coulera dans nos veines. Nous sommes prêts ; la noblesse de France a prouvé, Dieu merci ! qu'elle savait mourir.

— Mourir n'est rien, vivre est moins facile. Si l'échafaud était dressé à votre porte, je vous prendrais par la main et ous dirais : Montez au ciel ! mais d'ici là, monsieur le marquis, que de mauvais jours à passer! Songez...

— Pas un mot de plus, je vous prie, dit M. de La Seiglière en tirant du gousset de sa culotte de satin noir une petite bourse de filet qu'il glissa furtivement entre les doigts de M. Des Tournelles. — Vous m'avez singulièrement diverti, ajouta le marquis ; il y a longtemps que je n'avais ri de si bon cœur.

—Monsieur le marquis, repliqua M. Des Tournelles en laissant tomber négligemment la bourse sur le parquet, je suis suffisamment récompensé par l'honneur que vous m'avez fait en me jugeant digne de votre confiance ; d'ailleurs, s'il est vrai que j'aie réussi à vous faire rire dans la position où vous êtes, c'est mon triomphe le plus beau, et je reste votre obligé. Toutes les fois qu'il vous plaira de recourir à mes faibles lumières, sur un mot de vous je viendrai, trop heureux si, comme aujourd'hui, je puis faire descendre dans votre esprit quelque confiance et quelque sérénité.

— Vous êtes trop bon mille fois.

— Comment donc! vous avez beau ne plus être ici chez vous, et n'avoir désormais en propre ni château, ni parc, ni forêts, ni domaines, pas même un pauvre coin de terre à vous où vous puissiez dresser votre tente, vous êtes encore et serez toujours pour moi le marquis de **La Seiglière**, plus grand peut-être dans l'infortune que vous ne le fûtes jamais au faîte de la prospérité. Je suis fait ainsi ; l'infortune me séduit, l'adversité m'attire. Si mes opinions politiques me l'eussent permis, j'aurais accompagné Napoléon à Sainte-Hélène. Veuillez croire que mon dévoûment et mon respect vous suivront partout, et que vous trouverez en moi un fidèle courtisan du malheur.

— De votre côté, monsieur, soyez persuadé que votre respect et votre dévoûment me seront d'un bien précieux secours et d'une bien douce consolation, répondit le marquis en tirant le cordon d'une sonnette.

M. Des Tournelles s'était levé. Près de se retirer, il s'arrêta, promena autour de lui un regard complaisant, et considér dans tous ses détails le luxe de l'appartement où il se trouvait.

— Séjour délicieux! réduit enchanté! murmura-t-il comme se parlant à lui-même. Tapis d'Aubusson, damas de Gênes, porcelaines de Saxe, meubles de Boule, cristaux de Bohême, tableaux de prix, objets d'art, fantaisies charmantes... Monsieur le marquis, vous êtes ici comme un roi. Et ce parc! c'est un bois, ajouta-t-il en s'approchant d'une croisée. Vous devez, au printemps, du coin de votre feu, entendre chanter la nuit le rossignol.

En cet instant, la porte du salon s'ouvrit et un valet parut sur le seuil.

— Jasmin, dit M. de La Seiglière en poussant du pied la bourse qui gisait encore sur le tapis et laissait voir le jaune métal, reluisant à travers les mailles du filet comme les écailles d'un poisson doré, ramassez ceci : c'est un présent que vous fait M. Des Tournelles. Adieu, monsieur Des Tournelles, adieu. Mes compliments à votre épouse. Jasmin, reconduisez monsieur ; vous lui devez une politesse.

Cela dit, il tourna le dos sans plus de façon, s'enfonça sous un double rideau dans l'embrasure d'une fenêtre, et colla son front sur la vitre. Il croyait déjà le Des

Tournelles hors du château, quand tout à coup l'exécrable vieillard, qui s'était glissé comme un aspic, se dressa sur la pointe des pieds, et la bouche à fleur d'oreille :

— Monsieur le marquis.... dit-il à demi-voix et d'un air mystérieux.

— Comment, s'écria M. de La Seiglière en se retournant brusquement, Monsieur, c'est encore vous?

— Un dernier avis, il est bon : le cas est grave ; voulez-vous en sortir ? mariez votre fille à Bernard.

Là-dessus, envoyé par le marquis à tous

les diables, M. Des Tournelles fit volteface, et, suivi de Jasmin qui se confondait en salutations, la canne sous le bras, souriant et se frottant les mains, il s'esquiva, joyeux comme une fouine qui sort d'un poulailler, enivrée de carnage et se pourléchant les babines.

Ainsi, tout en ayant l'air de n'y pas toucher ou de n'y toucher que pour les guérir, le Des Tournelles n'avait fait qu'envenimer et mettre à vif les blessures de sa victime; ainsi M. de La Seiglière, qui auparavant se sentait déjà bien malade, venait d'acquérir la certitude que sa maladie était mortelle et qu'il n'en reviendrait pas. Tel fut le beau résultat de cette consultation mémorable : un marquis se noyait; un jurisconsulte qui passait par là lui prouva qu'il était perdu et lui mit une pierre au cou, après l'avoir durant deux heures, sous prétexte de le sauver, traîné et roulé dans la vase.

Or, le cœur du marquis n'était pas le seul tourmenté dans la vallée du Clain. Sans parler de madame de Vaubert, qui n'était pas précisément rassurée sur le dénoûment de son entreprise, Hélène et Bernard avaient, chacun de son côté, perdu le repos et la sérénité de leur âme. Depuis longtemps déjà, mademoiselle de la Seiglière s'interrogeait avec inquiétude. Pourquoi, dans aucune de ses lettres à M. de Vaubert, n'avait-elle osé parler de la présence de Bernard? Sans doute elle avait craint de s'attirer les railleries du jeune baron, qui n'avait jamais pu tolérer le vieux Stamply. Mais pourquoi, vis-à-vis de Bernard, toutes les fois qu'il s'était agi du fils de la baronne, n'avait-elle jamais osé parler de son union prochaine avec lui? Parfois il lui semblait qu'elle les trompait l'un et l'autre. D'où venait ce vague effroi ou cette morne indifférence qu'elle ressentait depuis quelque temps à la pensée du retour de Raoul? D'où venait aussi que ses lettres, qui l'avaient distraite d'abord, sinon charmée, ne lui apportaient plus qu'un profond et mortel ennui? D'où venait enfin le sentiment de lassitude qui l'accablait chaque fois qu'il fallait y répondre? A toutes ces questions, sa raison s'égarait. Ce n'était pas seulement ce qui se passait en elle qui la troublait ainsi ; elle comprenait instinctivement qu'il s'agitait autour d'elle quelque chose d'équivoque et de mystérieux. La tristesse de son père, le brusque éloignement de Raoul, son absence prolongée, l'attitude de la baronne, tout alarmait cette conscience timorée qu'un souffle aurait suffi à ternir. L'éclat de ses joues pâlit ; ses beaux yeux se cernèrent ; son aimable humeur s'altéra. Pour s'expliquer le trouble et le malaise qu'elle éprouvait auprès de Bernard, elle s'efforça de le haïr ; elle reconnut que c'était depuis l'arrivée de cet étranger qu'elle avait perdu le calme et la limpidité de ses jeunes années ; elle l'accusa dans son cœur d'accepter trop humblement l'hospitalité d'une famille que son père avait dépouillée ; elle se dit qu'il aurait pu chercher un plus noble emploi de son courage et de sa jeunesse, et regretta de ne lui point voir plus d'orgueil et de dignité. Puis, se rattachant à M. de Vaubert de toutes ses forces et de tout son courage, prenant ainsi sa conscience pour de l'amour et son amour pour de la haine, elle s'éloigna peu à peu de Bernard, renonça aux promenades dans le parc, cessa de paraître au salon, et vécut retirée dans son appartement. Réduit à l'intimité du marquis et de la baronne, depuis que mademoiselle de la Seiglière n'était plus là pour couvrir de sa candeur, de son innocence et de sa beauté les ruses et les intrigues dont il avait été le jouet, Bernard devint sombre, bizarre, irascible, et c'est alors que le marquis, par une résolution qui mériterait d'être couverte de toutes les épithètes qu'entassait pêle-mêle madame de Sévigné à propos du mariage d'une petite-fille d'Henri IV avec un cadet de Gascogne, se décida brusquement à passer sous les fourches caudines que M. Des Tournelles lui avait indiquées comme la seule voie de salut qui lui restât en ce bas monde.

X

Depuis son entrevue avec l'abominable Des Tournelles, notre marquis avait perdu le sommeil, le boire et le manger. Grâce à la frivolité de son esprit et à l'étourderie de son caractère, il avait pu garder jusqu'alors quelque espoir et nourrir quelques illusions. Ce n'étaient déjà plus, il est vrai, ces vives allures, ces vertes saillies, ces folles équipées qui nous égayaient autrefois; mais encore parvenait-il à s'échapper de loin en loin et retrouvait-il çà et là l'entrain, la verve et la pétulance de son aimable et bonne nature. C'était un papillon blessé, mais qui battait encore de l'aile, quand, sous prétexte de le tirer de peine, l'affreux jurisconsulte, le saisissant délicatement entre ses doigts, l'avait fixé vivant sur le carton d'airain de la réalité. Dès-lors avait commencé pour le marquis un martyre non encore éprouvé. Que devenir? quel parti prendre ? Si l'orgueil lui conseillait de se retirer tête haute, l'égoïsme était d'un avis contraire, et si l'orgueil avait de bonnes raisons à mettre en avant, l'égoïsme en avait dans son sac d'aussi bonnes, sinon de meilleures. Le marquis se faisait vieux; la goutte le travaillait sourdement ; vingt-cinq années d'exil et de privations l'avaient guéri des héroïques escapades et des chevaleresques exaltations de la jeunesse. La pauvreté lui agréait d'autant moins, qu'il avait vécu dans son intimité ; il sentait son sang se figer dans ses veines rien qu'au souvenir de ce morne et pâle visage qu'il avait vu pendant vingt-cinq ans assis à sa table et à son foyer. Pour tout dire enfin, quoiqu'il n'aimât rien autant que lui-même, il adorait sa fille, et son cœur se serrait douloureusement à la pensée que cette belle créature, après s'être acclimatée dans le luxe et dans l'opulence, pourrait retomber dans l'atmosphère terne et glacée qui avait enveloppé son berceau. Il hésitait : nous en savons plus d'un qui, en pareille occurrence, y regarderait à deux fois, sans avoir pour excuse une fille adorée, soixante ans passés et la goutte. Que faire cependant? De quel côté qu'il se retournât, M. de La Seiglière ne voyait que la ruine et la honte. Madame de Vaubert, qui ne répondait à toutes ses questions que par ces mots : — Il faut voir, il faut attendre, — n'était rien moins que rassurante. Le gentilhomme en voulait secrètement à sa noble amie du rôle très peu noble qu'ils jouaient tous deux depuis six mois. D'une autre part, la nouvelle attitude qu'avait prise tout à coup Bernard glaçait le marquis d'épouvante. Depuis qu'Hélène ne les charmait plus de sa présence, les journées se traînaient tristement, les soirées plus tristement encore. Le matin, après le déjeûner où mademoiselle de La Seiglière avait cessé de paraître, Bernard, laissant le marquis à ses réflexions, montait à cheval et ne revenait que le soir, plus sombre, plus taciturne, plus farouche qu'il n'était parti. Le soir, après dîner, Hélène allait presqu'aussitôt s'enfermer dans son appartement, et Bernard restait seul au salon, entre le marquis et madame de Vaubert, qui, ayant épuisé les ressources de son esprit et profondément découragée d'ailleurs, ne savait qu'imaginer pour abréger le cours des heures silencieuses. Bernard avait de temps en temps une certaine façon de les regarder tour à tour qui les faisait frissonner des pieds à la tête. Lui si patient tant qu'Hélène avait été là pour le contenir ou pour l'apaiser avec un sourire, sur un mot du marquis ou de la baronne, il se livrait à des emportemens qui les terrifiaient l'un et l'autre. Il avait remplacé le récit par l'action ; il donnait des batailles au lieu d'en raconter, et lorsqu'il s'était retiré, le plus souvent pâle et froid de colère, sans avoir serré la main du vieux gentilhomme, demeurés seuls au coin du feu, le marquis et la baronne se regardaient l'un l'autre en silence. — Eh bien ! madame la baronne? — Eh bien! monsieur le marquis, il faut voir, il faut attendre, disait encore une fois madame de Vaubert : et le marquis, les pieds sur les chenets et le nez sur la braise, s'abandonnait à de muets désespoirs, d'où la baronne n'essayait même plus de le tirer. Il s'attendait d'un jour à l'autre à recevoir un congé en forme. Ce n'est pas tout. M. de La Seiglière savait, à n'en pouvoir douter, qu'il était pour le pays, ainsi que l'avait dit M. Des Tournelles, un sujet de risée et de raillerie, en même temps qu'un objet de haine et d'exécration. Les lettres anonymes, distraction et passe-temps de la province, avaient achevé d'empoisonner sa vie, imbibée déjà d'absinthe et de fiel. Il ne s'écoulait point de jour qui ne lui apportât à respirer quelqu'une de ces fleurs vénéneuses qui croissent à l'ombre et foisonnent dans le fumier des départements. Les uns le traitaient d'aristocrate et le menaçaient de la lanterne ; les autres l'accusaient d'ingratitude envers son ancien fermier, et de vouloir déshériter le fils après avoir lâchement et traîtreusement dépouillé le père. La plupart de ces lettres étaient enrichies d'illustrations à la plume, petits tableaux de genre pleins de grâce et d'aménité, qui suppléaient avantageusement ou complétaient agréablement le texte. C'était, par exemple, une potence ornée d'un pauvre diable, figurant sans doute un marquis, ou bien le même personnage aux prises avec un instrument fort en usage en 95. Pour ajouter à tant d'angoisses, la gazette, que le marquis lisait assidûment depuis son entretien avec le d'Aguesseau poitevin, regorgeait de prédictions sinistres et de prophéties lamentables; chaque jour, le parti libéral y était représenté comme un brûlot qui devait incessamment faire sauter la monarchie, à peine restaurée. Ainsi se confirmaient déjà et menaçaient de se réaliser toutes les paroles de l'exécrable vieillard. Épouvanté, on le serait à moins, M. de La Seiglière ne rêvait plus que bouleversements et révolutions. La nuit, il se dressait sur son séant pour écouter la bise qui lui chantait la *Marseillaise*, et lorsque enfin, brisé par la fatigue, il réussissait à s'endormir, c'était pour voir et pour entendre en songe le hideux visage du vieux jurisconsulte, qui entr'ouvrait ses rideaux et lui criait : — Mariez votre fille à Bernard ! Or, le marquis n'était pas homme à longtemps se tenir dans une position si violente et qui répugnait à tous ses instincts. Il n'avait ni la patience ni la persévérance qui sont le ciment des âmes énergiques et des esprits forts. Inquiet, irrité, humilié, exaspéré, las d'attendre et de rien voir venir, acculé dans une impasse et n'apercevant point d'issue, il y avait cent à parier contre un que le marquis sortirait de là brusquement, par un coup de foudre; mais nul, pas même madame de Vaubert, n'aurait pu prévoir quelle bombe allait éclater, si ce n'est pourtant M. Des Tourles, qui en avait allumé la mèche.

Un soir d'avril, seule avec le marquis, madame de Vaubert était silencieuse et regardait d'un air visiblement préoccupé les lignes étincelantes qui couraient sur la braise à demi consumée. Il eût été facile, en l'observant, de se convaincre qu'une sourde inquiétude pesait sur son cœur comme une atmosphère orageuse. Son œil était vitreux, son front chargé d'ennuis ; les doigts crochus de l'égoïsme aux abois pinçaient et contractaient sa bouche, autrefois épanouie et souriante. Cette femme avait, à vrai dire, d'assez graves sujets d'alarmes. La situation prenait de jour en jour un caractère plus désespérant, et madame de Vaubert commençait à se demander si ce n'était pas elle qui allait se trouver enveloppée dans ses propres lacets. Décidément Bernard était chez lui, et bien qu'elle n'eût pas encore perdu tout espoir, quoiqu'elle n'eût point encore jeté, comme on dit, le manche après la cognée, prévoyant cependant qu'une heure arriverait peut-être où

M. de La Seiglière et sa fille seraient obligés d'évacuer la place, la baronne dressait déjà le plan de campagne qu'elle aurait à suivre dans le cas où les choses se dénoueraient aussi fatalement qu'il était permis de le craindre; n'admettant pas que son fils épousât mademoiselle de La Seiglière sans autre dot que sa jeunesse, sa grâce et sa beauté, elle cherchait déjà de quelle façon elle devrait manœuvrer pour dégager vis-à-vis d'Hélène et de son père la parole et la main de Raoul. Tel était depuis quelques semaines le sujet inavoué de ses secrètes préoccupations.

Tandis que madame de Vaubert était plongée dans ces réflexions, assis à l'autre côté du foyer, le marquis, silencieux comme elle, se demandait avec anxiété de quelle façon il allait engager la bataille qu'il était sur le point de livrer, et comment il devait s'y prendre pour dégager vis-à-vis de Raoul et de sa mère la parole et la main d'Hélène.

— Ce pauvre marquis ! se disait la baronne en l'examinant de temps en temps à la dérobée ; s'il faut en venir là, ce lui sera un coup terrible. Je le connais : il se console en pensant que, quoi qu'il arrive, sa fille sera baronne de Vaubert. Il m'aime, je le sais ; voilà près de vingt ans qu'il se complait dans la pensée de resserrer notre intimité, et de la consacrer en quelque sorte par l'union de nos enfants. Excellent ami ! où puiserai-je le courage d'affliger un cœur si tendre et si dévoué, de lui arracher ses dernières illusions? Je m'attends à des luttes acharnées, à des récriminations amères. Dans ses emportements, il ne manquera pas de m'accuser d'avoir courtisé sa fortune et de tourner le dos à sa ruine. Je serai forte contre lui et contre moi-même : je saurai l'amener à comprendre qu'il serait insensé de marier nos deux pauvretés, inhumain de condamner sa race et la mienne aux soucis rongeurs d'une médiocrité éternelle. Il s'apaisera ; nous gémirons ensemble, nous confondrons nos pleurs et nos regrets. Viendront ensuite la douleur d'Hélène et les révoltes de Raoul : hélas! ces deux enfants s'adorent; Dieu les avait créés l'un pour l'autre. Nous leur ferons entendre raison.

Au bout de six mois, ils seront consolés. Raoul épousera la fille de quelque opulent vilain, trop heureux d'anoblir son sang et de décrasser ses écus. Quant au marquis, il est trop entiché de ses aïeux et trop ancré dans ses vieilles idées pour consentir jamais à s'enrichir par une mésalliance. Puisqu'il tient aux parchemins, eh bien! nous chercherons pour Hélène quelque hobereau dans nos environs, et j'enverrai ce bon marquis achever de vieillir chez son gendre.

Ainsi raisonnait madame de Vaubert, en mettant les choses au pire. Toutefois, elle était loin encore d'avoir lâché sa proie. Elle connaissait Hélène, elle avait étudié Bernard. Si elle ne soupçonnait pas ce qui se passait dans le cœur de la jeune fille,

—mademoiselle de La Seiglière ne le soupçonnait pas elle-même, — la baronne avait su lire dans le cœur du jeune homme, elle était plus avant que lui dans le secret de ses agitations. Elle comprenait vaguement qu'on pouvait tirer parti du contact de ces deux nobles âmes : elle sentait qu'il y avait là quelque chose à trouver, un incident, un choc à susciter, une occasion à faire naître. Mais quoi? mais comment? Sa raison s'y perdait, et son génie vaincu, mais non rendu, s'indignait de son impuissance.

— Cette pauvre baronne! se disait le marquis en jetant de loin en loin sur madame de Vaubert un regard timide et furtif; elle ne se doute guère du coup que je

vais lui porter. C'est, à tout prendre, un
cœur aimable et fidèle, une âme loyale et
sincère. J'ai la conviction qu'en tout ceci
elle n'a voulu que mon bonheur ; je jurerais qu'en vue d'elle-même, elle n'a pas
d'autre ambition que de voir son Raoul
épouser mon Hélène. Quoiqu'il arrivât,
elle s'empresserait de nous accueillir, ma
fille et moi, dans son petit manoir, et
s'estimerait heureuse de partager avec
nous sa modeste aisance. Que son fils
épouse une La Seiglière, ce sera toujours
assez pour son orgueil, assez pour sa féli-
cité. Chère et tendre amie ! il m'eût été
bien doux, de mon côté, de réaliser un
rêve si charmant, d'achever mes jours
auprès d'elle. En apprenant que nous devons renoncer à cet espoir si longtemps ca-

ressé, elle éclatera en reproches sanglants, hélas! et mérités peut-être. Cependant, en bonne conscience, serait-il raisonnable et sage d'exposer nos enfants aux rigueurs de la pauvreté, et de nous enchaîner de part et d'autre par un lien de fer qui nous blesserait tôt ou tard, que nous finirions par maudire? La baronne est remplie de sens et de raison; les premiers transports apaisés, elle comprendra tout et se résignera, et, comme les Vaubert ne plaisantent pas sur les mésalliances, eh bien! Raoul est beau garçon; nous trouverons aisément pour lui, dans nos alentours, quelque riche douairière qui s'estimera trop heureuse de mettre, au prix de sa fortune, un second printemps dans sa vie.

Ainsi raisonnait le marquis, et, s'il faut tout dire, le marquis était dans ses petits souliers, il se fût senti plus à l'aise dans un buisson d'épines qu'en ce moment sur le coussin de son fauteuil. Il redoutait madame de Vaubert autant qu'une révolution ; il avait la conscience de ses trahisons ; à la pensée des orages qu'il allait affronter, il sentait son cœur défaillir et s'éteindre dans sa poitrine. Enfin, par une résolution désespérée, prenant son courage à deux mains, il engagea l'affaire en tirailleur, par quelques coups de feu isolés et tirés à longs intervalles.

— Savez-vous, madame la baronne, s'écria-t-il tout à coup en homme peu habitué à ces sortes d'escarmouches, savez-vous que ce M. Bernard est un garçon vraiment bien remarquable? Ce jeune homme me plaît. Vif comme la poudre, prompt comme son épée, emporté, même un peu colère, mais loyal et franc comme l'or! Il n'est pas précisément beau; eh bien! j'aime ces mâles visages. Quels yeux! quel front! Il a le nez des races royales. Je voudrais savoir où ce gaillard a pris un pareil nez. Et sous sa brune moustache, avez-vous observé quelle bouche fine et charmante? Dieu me pardonne, c'est une bouche de marquis. De l'esprit, de la distinction; un peu brusque encore, un peu rude, mais déjà dégrossi et presque transfiguré depuis qu'il est au milieu de nous. C'est ainsi que l'or brut s'épure dans le creuset. Et puis, il n'y a pas à dire, c'est un héros ; il est du bois dont l'empereur faisait des ducs, des princes et des maréchaux. Je le vois encore sur Roland : quel sang-froid ! quel courage ! quelle intrépidité ! Tenez, baronne, je ne m'en cache pas : je ne suis point humilié quand je sens sa main dans la mienne.

— De qui parlez-vous, marquis? demanda nonchalamment madame de Vaubert, sans interrompre le cours de ses réflexions silencieuses.

— De notre jeune ami, répondit le marquis avec complaisance, de notre jeune chef d'escadron.

— Et vous dites...

— Que la nature a d'étranges aberrations, et que ce garçon aurait dû naître gentilhomme.

— Le petit Bernard?

— Vous pourriez, pardieu! bien dire le grand Bernard, s'écria le marquis en enfonçant ses mains dans les goussets de sa culotte.

— Vous perdez la tête, marquis, répliqua brièvement madame de Vaubert qui reprit son attitude grave et pensive.

Encouragé par un si beau succès, comme ces prudents guerroyeurs qui, après avoir déchargé leur arquebuse, se cachent derrière un arbre pour la recharger en toute sécurité, le marquis resta coi, et il y eut encore un long silence, troublé seulement par le cri du grillon qui chantait dans les fentes de l'âtre et par les crépitations de la braise qui achevait de se consumer.

— Madame la baronne, s'écria brusquement M. de La Seiglière, ne vous semble-t-il pas que j'ai été un peu ingrat envers le bon M. Stamply ? Je dois vous avouer que là-dessus ma conscience n'est pas parfaitement tranquille. Il paraît que, décidément, cet excellent homme ne m'a rien restitué, qu'il m'a tout donné. S'il en est ainsi, savez-vous que c'est un des plus beaux traits de dévoûment et de générosité que l'histoire aura à enregistrer sur ses tablettes? Savez-vous, Madame, que ce vieux Stamply était une grande âme, et que ma fille et moi, nous devons des autels à sa mémoire?

Enfoncée trop avant dans son égoïsme pour pouvoir seulement s'inquiéter de savoir où le marquis voulait en venir, madame de Vaubert haussa les épaules et ne répondit pas.

M. de La Seiglière commençait à désespérer de trouver le joint, lorsqu'il se souvint fort à propos de la leçon de M. Des Tournelles. Il tendit la main vers un guéridon de laque, prit une gazette, et tout en ayant l'air d'en parcourir les colonnes :

—Madame la baronne, demanda-t-il d'un

air distrait, avez-vous suivi en ces derniers temps les papiers publics?

— A quoi bon? répliqua madame de Vaubert avec un léger mouvement d'impatience; en quoi voulez-vous que ces sottises m'intéressent?

— Par l'épée de mon père! Madame, s'écria le marquis laissant tomber le journal, vous en parlez bien à votre aise. Sottises, j'en conviens; sottises, tant que vous voudrez; mais, vive Dieu! je ne m'y connais pas, ou ces sottises nous intéressent, vous et moi, beaucoup plus que vous ne paraissez le croire.

— Voyons, marquis, que se passe-t-il?

demanda madame de Vaubert d'un air ennuyé. Sa majesté daigne jouir de la santé la plus parfaite; nos princes chassent, on danse à la cour; le peuple est heureux, la canaille a le ventre plein; que voyez-vous en tout ceci qui doive nous alarmer?

— Voilà trente ans, nous ne tenions pas un autre langage, dit le marquis ouvrant sa tabatière et y plongeant délicatement le pouce et l'index; la canaille avait le ventre plein, nos princes chassaient, on dansait à la cour, sa majesté se portait à merveille : ce qui n'empêcha pas, un beau matin, le vieux trône de France de craquer, de crouler, de nous entraîner dans sa chute, et de nous ensevelir, morts ou vivants, sous ses décombres. Vous demandez ce qui se passe? Ce qui se passait alors : nous sommes sur un volcan.

— Vous êtes fou, marquis, dit madame de Vaubert, qui, tout entière à ses préoccupations, médiocrement convaincue d'ailleurs de l'opportunité d'une discussion politique entre onze heures et minuit, ne crut pas devoir prendre la peine de relever et de combattre les opinions du vieux gentilhomme.

— Je vous répète, madame la baronne, que nous sommes sur un volcan. La révolution n'est pas morte ; c'est un feu mal éteint qui couve sous la cendre. Vous le verrez au premier jour éclater et consumer les débris de la monarchie. Il est un antre où se réunissent un tas de vauriens qui se disent les représentants du peuple; c'est une mine creusée sous le trône et qui le fera sauter comme une poudrière. Les libéraux ont hérité des sans-culottes; le libéralisme achèvera ce qu'a commencé 95. Reste à savoir si nous nous laisserons encore une fois écraser sous les ruines de la royauté, ou si nous chercherons notre salut dans le sein même des idées qui menacent de nous engloutir.

— Eh! marquis, dit la baronne, c'est bien de cela qu'il s'agit. Vous vous préoccupez d'un incendie imaginaire, et vous ne voyez pas que votre maison brûle.

— Madame la baronne, s'écria le marquis, je ne suis point égoïste, je puis dire hautement que l'intérêt personnel ne fut jamais mon fait ni ma devise. Que ma maison brûle ou non, cela importe peu. Ce n'est pas de moi qu'il s'agit ici, c'est de notre avenir à nous tous. Qui se soucie, en effet, que la race des La Seiglière s'éteigne silencieusement dans l'oubli et dans l'obscurité? Ce qu'il importe, Madame, c'est que la noblesse de France ne périsse point.

— Je suis curieuse de savoir comment vous vous y prendrez pour que la noblesse de France ne périsse point, répliqua madame de Vaubert, qui, à cent lieues de soupçonner le but où tendait le marquis, n'avait pu s'empêcher de sourire en voyant ce frivole esprit aborder étourdiment des considérations si ardues et si périlleuses.

— Grave question que j'ai pu soulever, mais qu'il ne m'appartient pas de résoudre, s'écria M. de La Seiglière, qui, se sentant enfin dans la bonne voie, avança d'un pas plus assuré et prit bientôt un trot tout gaillard. Cependant, s'il m'était permis d'émettre quelques idées sur un sujet si important, je dirais que ce n'est pas en s'isolant dans ses terres et dans ses châteaux que la noblesse pourra ressaisir la prépondérance qu'elle avait autrefois dans les destinées du pays; peut-être oserais-je ajouter — bien bas — que nos vieilles familles se sont alliées trop longtemps entre elles, que, faute d'être renouvelé, le sang patricien est usé, que pour retrouver la force, la chaleur et la vie près de lui échapper, il a besoin de se mêler au sang plus jeune, plus chaud, plus vivace du peuple et de la bourgeoisie. Enfin, madame la baronne, je chercherais à démontrer que, puisque le siècle marche, nous devons marcher avec lui, sous peine de rester en chemin ou d'être écrasés dans l'ornière. C'est dur à penser, mais il faut avoir pourtant le courage de le reconnaître : les Gaulois l'emportent et les Francs n'ont de salut à espérer qu'à la condition de se rallier au parti des vainqueurs et de se recruter dans leurs rangs.

Ici, madame de Vaubert, qui, dès les premiers mots de ce petit discours, s'était tournée peu à peu du côté de l'orateur, s'accouda sur le bras du fauteuil dans lequel elle était assise, et parut écouter le marquis avec une curieuse attention.

— Voulez-vous savoir, madame la baronne, reprit M. de La Seiglière triomphant de se sentir maître enfin de son auditoire, voulez-vous savoir ce que me disait l'autre jour le célèbre Des Tournelles, un des esprits les plus vastes et les plus éclairés de notre époque ? — Monsieur le marquis, me disait ce grand jurisconsulte, les temps sont mauvais ; adoptons le peuple pour qu'il nous adopte ; descendons jusqu'à lui pour qu'il ne monte pas jusqu'à nous. Il en est aujourd'hui de la noblesse comme de ces métaux précieux qui ne peuvent se solidifier qu'en se combinant avec un grain d'alliage. — Pensée si profonde que j'en eus d'abord le vertige ; à force d'y regarder, je découvris la vérité au fond. Vérité cruelle, j'en conviens; mais mieux vaut encore, au prix de quelques concessions, nous assurer la conquête de l'avenir, que de nous coucher et de nous ensevelir dans le linceul d'un passé qui ne reviendra plus. Eh! ventre-saint-gris! s'écria-t-il en se levant et en marchant à grands pas dans la chambre, voilà assez longtemps qu'on nous représente aux yeux du pays comme une caste incorrigible, repoussant de son sein tout ce qui n'est pas elle, infatuée de ses titres, n'ayant rien appris ni rien oublié, remplie de morgue et d'insolence, ennemie de l'égalité. L'heure est venue d'en finir avec ces basses calomnies et ces sottes accusations; mêlons-nous à la foule, ouvrons-lui nos portes à deux battants, et que nos ennemis apprennent à nous respecter en apprenant à nous connaître.

A ces mots, M. de La Seiglière, épouvanté de sa propre audace, regarda timidement madame de Vaubert et prit l'attitude d'un homme qui, après avoir allumé la traînée de poudre qui doit faire sauter une mine, n'a pas eu le temps de s'enfuir, et se prépare à recevoir un quartier de roc sur la tête. Il en advint tout autrement. La baronne, qui avait une assez pauvre opinion de son vieil ami pour ne pas suspecter sa candeur et sa probité, était bien d'ailleurs trop préoccupée d'elle-même pour soupçonner qu'en ce bas-monde il pût exister à cette heure un autre moi que son moi, un autre intérêt que le sien. Sans songer seulement à se demander d'où venait au marquis des aperçus si nouveaux et si incongrus, madame de Vaubert ne vit d'abord et ne comprit en ceci qu'une chose, c'est que le marquis venait lui-même d'entr'ouvrir la porte par laquelle Raoul pourrait un jour s'échapper, s'il en était besoin.

— Marquis, s'écria-t-elle avec un empressement plein d'urbanité, ce que vous dites là est plein de sens, et quoique je n'aie jamais douté de votre haute raison, bien que j'aie toujours soupçonné sous la grâce de vos apparences un esprit sérieux et réfléchi, cependant je dois convenir que je suis aussi surprise que charmée de vous trouver dans un ordre d'idées si élevéés et si judicieuses. Je vous en fais mes compliments.

A ces mots, le marquis releva la tête et regarda madame de Vaubert de l'air d'un homme à qui l'on vient de jeter une poignée de roses à la face, au lieu d'une volée de mitraille qu'il s'attendait à recevoir. Trop égoïste de son côté pour rien supposer en dehors de lui-même, loin de chercher à se rendre compte des suffrages de la baronne, il ne songea qu'à s'en réjouir.

— C'est un peu notre histoire à tous, répliqua-t-il gaîment en se caressant le menton avec une adorable fatuité. Parce qu'il nous est échu quelque grâce et quelque élégance, les pédants et les cuistres se vengent de la supériorité de nos manières en nous déniant le génie de l'intelligence. Quand nous daignerons nous en mêler, nous prouverons que tous les champs de bataille nous sont bons, on nous verra jouer de la parole et de la pensée comme autrefois du glaive et de la lance.

— Marquis, reprit madame de Vaubert qui tenait à conserver à l'entretien le tour qu'il avait pris d'abord, pour en revenir aux considérations auxquelles vous vous livriez tout à l'heure, il est certain que c'en est fait de la noblesse, si, au lieu de chercher à se créer des alliances, elle continue, comme vous l'avez dit excellemment, de s'isoler dans ses terres et de s'enfermer dans son orgueil. C'est un édifice chancelant, qui croulera d'un jour à l'autre, si nous n'avons l'art et l'habileté de transformer les béliers qui l'ébranlent en arcs-boutants qui le soutiennent. En d'autres termes, passez-moi l'image peut-être un peu crue, pour nous préserver des atteintes du peuple, il ne nous reste plus qu'à nous l'inoculer.

— C'est, par Dieu ! bien cela, s'écria M. de La Seiglière, de plus en plus joyeux de ne pas rencontrer l'opposition qu'il avait redoutée. Décidément, baronne, vous êtes admirable ! Vous comprenez tout ; rien ne vous surprend, rien ne vous émeut, rien ne vous étonne. Vous avez l'œil de l'aigle ; vous regarderiez le soleil en face sans en être éblouie. Cette pauvre baronne ! ajouta-t-il mentalement en se frottant les mains ; elle s'enferre, avec tout son esprit.

— Ce bon marquis! pensait de son côté madame de Vaubert ; je ne sais quelle mouche le pique, mais l'étourdi me fait la partie belle : il vient lui-même de jeter le filet dans lequel, au besoin, je le prendrai plus tard. Marquis, s'écria-t-elle, voilà bien longtemps que j'avais ces idées ; mais j'avoue que je craignais, en vous les communiquant, d'irriter vos susceptibilités et de m'aliéner votre cœur.

— Par exemple ! répliqua le marquis ; quelle opinion, baronne, aviez-vous de votre vieil ami ! D'ailleurs, outre qu'en vue de notre sainte cause, il n'est point d'épreuve à laquelle je ne puisse me soumettre et me résigner, je dois vous dire que je ne sentirais, pour ma part, aucune répugnance à donner l'exemple en m'aventurant le premier dans l'unique voie de salut qui nous soit offerte. J'ai toujours donné l'exemple ; c'est moi qui émigrai le premier. Autres temps, autres mœurs ! Je ne suis pas un marquis de Carabas, moi ! je marche avec mon siècle. Le peuple a gagné ses éperons et conquis ses titres de noblesse. Il a, lui aussi, ses duchés, ses comtés et ses marquisats ; c'est Eylau, c'est Wagram, c'est la Moscowa : ces parchemins en valent d'autres. Au reste, madame la baronne, j'excuse vos scrupules et j'admets vos hésitations, car moi-même, si j'ai tardé si longtemps à m'ouvrir à vous là-dessus, c'est que je craignais d'effaroucher vos préjugés et de me mettre en guerre avec une amie si fidèle.

— C'est étrange, se dit madame de Vaubert, qui commençait à dresser les oreilles ; où le marquis veut-il en arriver? Effaroucher mes préjugés! s'écria-t-elle ; me prenez-vous pour la baronne de Pretintailles? M'a-t-on jamais vue refuser de reconnaître ce qu'il y a chez le peuple de grand, de noble, de généreux? M'a-t-on jamais surprise à dénigrer la bourgeoisie? Ne sais-je pas bien que c'est au sein de la roture que se sont réfugiés aujourd'hui les sentiments, les mœurs et les vertus de l'âge d'or?

— Oh! oh! oh! se dit le marquis, à qui la réflexion commençait de venir, tout ceci n'est pas clair; il y a quelque serpent sous roche.

— Quant à vous mettre en guerre avec moi, sérieusement, marquis, l'avez-vous craint? ajouta madame de Vaubert; c'est qu'alors vous présumiez de mon cœur tout aussi mal que de mon esprit. Vous savez bien, ami, que je ne suis pas égoïste. Que de fois n'ai-je pas été sur le point de vous rendre votre parole, en songeant qu'en échange de l'opulence que lui apporterait votre fille, mon fils ne donnerait qu'un grand nom, le plus lourd de tous les fardeaux!

— Ah! çà, se dit le marquis, est-ce que

cette rusée baronne, pressentant ma ruine prochaine, chercherait à dégager la main de son fils? Pour le coup, ce serait trop fort. Madame la baronne, s'écria-t-il, c'est absolument comme moi. Bien souvent je me suis accusé d'entraver l'avenir de M. de Vaubert; je me demande bien souvent avec effroi si ma fille ne sera pas un obstacle dans la destinée de ce noble jeune homme.

— Ah! çà, se dit madame de Vaubert, qui voyait apparaître peu à peu et se dessiner dans la brume le rivage vers lequel le marquis dirigeait sa barque, est-ce que ce retors de marquis aurait la prétention de me jouer? Comblé de mes bontés, ce serait vraiment trop infâme! Certes, marquis, répliqua-t-elle, il m'en coûterait de rompre des liens si charmants; cependant, si votre intérêt l'exigeait, je saurais vous immoler le plus doux rêve de ma vie tout entière.

— Le tour est fait, pensa le marquis, je suis joué; mais ça m'est égal. Seulement, devais-je m'attendre à un pareil trait de perfidie de la part d'une amie de trente ans? Comptez maintenant sur le désintéressement des affections et sur la reconnaissance des femmes ! Baronne, reprit-il avec un sentiment de résignation douloureuse, s'il fallait renoncer à l'espoir d'unir un jour ces deux aimables enfants, mon cœur ne s'en relèverait jamais ; rien qu'en y songeant, il se brise. Toutefois, en vue de vous, noble amie, en vue de votre bien-aimé fils, il n'est pas de sacrifice qui ne soit au-dessous de mon abnégation et de mon dévoûment.

Madame de Vaubert étouffa dans son cœur un rugissement de lionne blessée, puis, après un instant de farouche silence, fixant tout à coup sur le vieux gentilhomme un œil étincelant :

— Marquis, dit-elle, regardez-moi en face.

Au ton dont furent dits ces trois mots, comme un lièvre trottant sur la bruyère, et qui, en levant le nez, aperçoit à dix pas devant lui le chasseur qui le couche en joue, le marquis tressaillit, et regarda madame de Vaubert d'un air effaré.

— Marquis, vous êtes un fourbe !

— Madame la baronne.....

— Vous êtes un traître !

— Ventre-saint-gris, Madame !...

— Vous êtes un ingrat !

Atterré, foudroyé, M. de La Seiglière resta muet sur place. Après avoir joui quelques instants de sa stupeur et de son épouvante :

— J'ai pitié de vous, dit enfin madame de Vaubert ; je vais vous épargner l'humiliation d'un aveu que vous ne pourriez faire sans mourir de honte à mes pieds. Vous avez résolu de marier votre fille à Bernard.

— Madame...

— Vous avez résolu de marier votre fille à Bernard, répéta madame de Vaubert avec autorité. Cette résolution, je l'ai vue germer et fleurir sous l'engrais de votre égoïsme : voilà près d'un mois que j'assiste, à votre insu, au travail qui se fait en vous. Comment vous êtes-vous avisé de vouloir jouer avec moi au plus fin et au plus habile? comment n'avez-vous pas compris qu'à pareil jeu vous perdriez à coup sûr la partie? Ce soir, au premier mot qui vous est échappé, vous vous êtes trahi. Depuis un mois, je vous observais, je vous guettais, je vous voyais venir. Ainsi, Monsieur le marquis, tandis que mon esprit, qui répugne aux détours, s'épuisait pour vous seul en combinaisons de tout genre, tandis que je sacrifiais au soin de vos intérêts mes goûts, mes instincts, jusqu'à la droiture de mon caractère, vous, au mépris de la foi jurée, vous trameez contre moi la plus noire des perfidies; vous complotiez de livrer à votre ennemi la fiancée de mon fils et la place que je défendais; vous méditiez de porter un coup de Jarnac au champion qui combattait pour vous!

— Vous allez trop loin, madame la baronne, répliqua le marquis, confus comme un pêcheur qui se serait pris dans sa nasse. Je n'ai rien résolu, je n'ai rien décidé : seulement, j'en conviens, depuis que je sais que le bon M. Stamply ne m'a rien restitué, qu'il m'a tout donné, je me sens ployer sous le poids de la reconnaissance, et comme, nuit et jour, je me creuse la tête et le cœur pour trouver de quelle façon nous pourrions, ma fille et moi, nous acquitter envers la mémoire de ce noble et généreux vieillard, il est possible que la pensée me soit venue...

— Vous, Monsieur le marquis, vous, ployer sous le poids de la reconnaissance ! s'écria madame de Vaubert l'interrompant avec explosion. A moins que vous ne vouliez rire, ne venez pas me conter de ces choses-là. Je vous connais, vous êtes un ingrat. Vous vous souciez de la mémoire du vieux Stamply tout juste autant que vous vous êtes soucié de sa personne. D'ailleurs, vous ne lui deviez rien ; c'est à moi que vous devez tout. Sans moi, votre ancien fermier serait mort sans même s'inquiéter de savoir si vous existiez. Sans moi, vous et votre fille, vous grelotteriez à cette heure au coin de votre petit feu d'Allemagne. Sans moi, vous n'auriez jamais remis le pied dans le château de vos ancêtres. Que vous le savez bien ! mais vous feignez de l'ignorer, parce qu'encore une fois vous êtes un ingrat. Tenez, marquis, jouons cartes sur table. Ce n'est pas la reconnaissance, c'est l'égoïsme qui vous tient. Cela vous enrage, de marier votre fille au fils de votre ancien fermier ; vous en avez pâli, vous en avez maigri, vous en dessécherez. Vous haïssez le peuple, vous exécrez Bernard ; vous ne comprenez rien, vous n'avez rien compris au mouvement qui s'est fait et qui se fait encore autour de nous. Vous êtes plus fier, plus orgueilleux, plus entêté, plus arriéré, plus infesté d'aristocratie, plus incorrigible en un mot qu'aucun marquis de chanson, de vaudeville et de comédie. Marquis de Carabas, c'est vous qui l'avez dit ; mais vous avez encore plus d'égoïsme que d'orgueil.

— Eh bien ! ventre-saint-gris ! vous en penserez tout ce que vous voudrez, s'écria le marquis en jetant pour le coup son bonnet par-dessus les moulins. Ce que je sais, moi, c'est que je suis las du rôle que vous me faites jouer; c'est que depuis longtemps le cœur m'en lève, c'est que je suis indigné de tant de ruses et de basses manœuvres, c'est que j'en veux finir à tout prix. Morbleu! vous l'avez dit, ma fille épousera Bernard.

— Prenez garde, Marquis, prenez garde !.....

— Accablez-moi de vos mépris et de vos colères ; traitez-moi de fourbe et d'ingrat, jetez-moi au visage les noms d'égoïste et de traître ; vous le pouvez, vous en avez le droit. Vous êtes si désintéressée, vous, Madame! Dans toute cette affaire, vous vous êtes montrée si franche et si loyale! Sur la fin de ses jours, vous avez été si bonne pour le pauvre vieux Stamply! Vous avez entouré sa vieillesse de tant de soins, de tendresse et d'égards! En bonne conscience, vous lui deviez cela, car c'est vous qui l'avez amené à se dépouiller vivant de tous ses biens.

— C'était pour vous, cruel !

— Pour moi! pour moi! dit le marquis en hochant la tête ; madame la baronne, à moins que vous ne vouliez rire, il ne faut pas venir me conter de ces choses-là.

— Il vous sied bien d'ailleurs de m'accuser d'ingratitude, reprit avec hauteur madame de Vaubert, vous, donataire, qui avez abreuvé d'amertume le donateur!

— Je ne savais rien, moi ; mais vous qui saviez tout, vous avez été sans pitié.

— C'est vous, s'écria la baronne, qui avez chassé votre bienfaiteur de sa table et de son foyer !

— C'est vous, s'écria le marquis, vous qui, après avoir capté la confiance d'un vieillard crédule et sans défense, l'avez repoussé du pied et laissé mourir de chagrin.

— Vous l'avez relégué à l'antichambre !

— Vous l'avez plongé au tombeau !

— C'est la guerre, marquis.

— Eh bien ! va pour la guerre, s'écria le marquis ; je ne mourrai pas sans l'avoir faite au moins une fois.

— Songez-y, marquis ! la guerre impitoyable, la guerre sans trêve, la guerre sans merci !

— Une guerre à mort, madame la baronne, dit le marquis en lui baisant la main.

A ces mots, madame de Vaubert se retira menaçante et terrible, tandis que le marquis, resté seul, cabriolait de joie, comme un chevreau, dans le salon. De retour au manoir, après avoir longtemps marché à grands pas dans sa chambre, se frappant le front et se pressant la poitrine avec rage, elle ouvrit brusquement la fenêtre, et comme une chatte qui guette une souris, tomba en arrêt devant le château de La Seiglière, dont la lune faisait en cet instant étinceler toutes les vitres. Malgré la fraîcheur de la nuit, elle demeura bien près d'une heure, accoudée sur le balcon, en contemplation muette. Tout à coup son front rayonna, ses yeux s'illuminèrent et, comme Ajax menaçant les dieux, jetant au château un geste de défi, elle s'écria :

— Je l'aurai! Cela dit, la baronne écrivit à

Raoul ce seul mot : « Revenez, » puis, s'étant couchée, elle s'endormit en souriant de ce sourire que doit avoir le génie du mal lorsqu'il a résolu la perte d'une âme.

XI

A partir de cette soirée mémorable, madame de Vaubert ne reparut plus au château, et le château s'en trouva bien. Durant le peu de jours qui s'écoulèrent jusqu'au dénoûment de cette petite et trop longue histoire, il s'établit entre Bernard et le marquis des relations plus douces que ne l'avaient été les premières. N'étant plus irrité par la présence de la baronne, contre qui Bernard avait toujours nourri, en dépit de lui-même, un vague sentiment de défiance et de sourde colère, ce jeune homme redevint plus familier et plus traitable ; de son côté, depuis quelques semaines, le marquis avait affecté peu à peu, vis-à-vis de son hôte, une attitude plus cordiale, plus affectueuse, presque tendre. Tous d'eux paraissaient avoir modifié, pour se complaire, leurs opinions et leur langage. Le soir, au coin du feu, réduits au tête à tête, ils causaient, discutaient et ne disputaient plus. D'ailleurs, depuis la disparition de madame de Vaubert, leurs entretiens avaient pris insensiblement un tour moins politique et plus intime. Le marquis parlait des joies de la famille, des félicités du mariage, et parfois il laissait échapper des paroles qui faisaient frissonner Bernard et passaient sur son cœur comme de chaudes bouffées de bonheur. Il arriva qu'un soir M. de la Seiglière exigea doucement que sa fille restât au salon, au lieu de se retirer dans sa chambre. La contrainte des premiers instants une fois dissipée, cette soirée s'écoula en heures enchantées : le marquis s'y montra spirituel, aimable, étourdi ; Bernard, heureux et triste ; Hélène, rêveuse, silencieuse et souriante. Le lendemain, les deux jeunes gens se rencontrèrent dans le parc, et le charme recommença, plus inquiet, il est vrai, qu'il ne l'avait été d'abord, plus voilé, partant plus charmant.

Cependant, comment aborder la question vis-à-vis d'Hélène? Par quels sentiers détournés et couverts l'amener au but désiré? Pour rien au monde, le marquis n'aurait consenti à lui révéler la position humiliante dans laquelle ils se trouvaient depuis six mois, elle et lui, vis-à-vis de Bernard. Il connaissait trop bien la noble et fière créature, il savait trop bien à quelle âme il avait affaire. C'était pourtant cette âme honnête et simple qu'il s'agissait de rendre complice de l'égoïsme et de la trahison.

Un jour M. de La Seiglière était plongé dans ces réflexions, lorsqu'il sentit deux bras caressants s'enlacer autour de son cou : en levant les yeux, il aperçut, comme un lis penché au-dessus de sa tête, le visage d'Hélène qui le regardait en souriant. Par un mouvement de brusque tendresse, il l'attira sur son cœur, et l'y tint longtemps embrassée, en couvrant ses blonds cheveux de caresses et de baisers. Lorsqu'elle se dégagea de ces étreintes, Hélène vit deux larmes rouler dans les yeux de son père, qui ne pleurait jamais.

— Mon père, s'écria-t-elle en lui prenant les mains avec effusion, vous avez des chagrins que vous cachez à votre enfant. Je le sais, j'en suis sûre ; ce n'est pas d'aujourd'hui que je m'en aperçois. Mon père, qu'avez-vous ? dans quel cœur, si ce n'est dans le mien, verserez-vous les afflictions du vôtre? ne suis-je plus votre bien-aimée fille? Quand nous vivions tous deux au fond de notre pauvre Allemagne, je n'avais qu'à sourire, vous étiez consolé. Mon père, parlez-moi. Il se passe autour de nous quelque chose d'étrange et d'inexplicable. Qu'est devenue cette aimable gaîté qui faisait la joie de mon âme? Vous êtes triste; madame de Vaubert paraît inquiète; moi-même je m'agite et je souffre, parce que sans doute je sens que vous souffrez. Mais pourquoi souffrez-vous? si ma vie n'y peut rien, ne me le dites pas.

En voyant ainsi la victime s'offrir d'elle-même sur l'autel du sacrifice, le marquis ne se contint plus; à ces accents si vrais, à cette voix si charmante et si tendre, le vieil enfant fondit en larmes dans le sein d'Hélène éperdue.

— Oh! mon Dieu! que se passe-t-il? de tous les malheurs qui peuvent vous atteindre, en est-il donc un seul qui soit plus grand que mon amour! s'écria mademoiselle de La Seiglière, qui se jeta dans les bras de son père en éclatant elle-même en sanglots.

Quoique sincèrement ému et véritablement attendri, le marquis jugea l'occasion trop belle pour être négligée, l'affaire assez bien engagée pour mériter d'être poursuivie. Un instant, il fut sur le point de tout dire et de tout avouer : la honte le retint, et aussi la crainte de venir échouer contre l'orgueil d'Hélène, qui ne manquerait pas de se révolter au premier aperçu du rôle qu'on lui réservait dans le dénouement de cette aventure. Il se prépara donc encore une fois à tourner la vérité, au lieu de l'aborder de front. Ce n'est pas que cette façon d'agir allât précisément à la nature de son caractère : bien loin de là ; mais le marquis était hors de ses gonds. Madame de Vaubert l'avait engagé dans une voie funeste d'où il ne pouvait désormais se tirer qu'à force de ruse et d'adresse. Une fois hors de la grand'-route, on ne peut y rentrer qu'en prenant à travers champs, ou par les chemins de traverse. Après avoir essuyé les pleurs de sa fille et s'être remis lui-même d'une si

vive émotion, il débuta par répéter, avec
quelques variantes, la scène qu'il avait
jouée devant la baronne, car il faut bien
le reconnaître, ce n'était pas, comme madame de Vaubert, une imagination fertile
en expédients; toutefois, grâce aux leçons
qu'il avait reçues en ces derniers temps,
le marquis avait déjà plus d'un bon tour
dans sa gibecière. Il se lamenta donc sur
la rigueur et sur l'inclémence des temps;
il gémit sur les destinées de l'aristocratie
qu'il représenta, image neuve autant
qu'originale, comme un navire incessamment battu par le flot révolutionnaire.
Profitant de l'ignorance d'Hélène, qui
avait vécu toujours en dehors des préoccupations de la chose publique, il peignit
avec de sombres couleurs, qu'il savait exa-

gérer lui-même, l'incertitude du présent, les menaces de l'avenir. Il employa tous les mots du vocabulaire alors en usage; il fit défiler et parader tous les spectres et tous les fantômes que les journaux ultràroyalistes expédiaient sous bande, chaque matin, à leurs abonnés. Le sol était miné, l'horizon chargé de tempêtes : l'hydre des révolutions redressait ses sept têtes : le cri, guerre aux châteaux ! allait retentir d'un instant à l'autre ; le peuple et la bourgeoisie, comme deux hyènes dévorantes, n'attendaient qu'un signal pour se ruer sur la noblesse sans défense, se gorger de son sang et se partager ses dépouilles. On n'était pas sûr que M. de Robespierre fût bien mort ; le bruit courait que l'ogre de Corse s'était échappé de son île. Enfin il mit en jeu et entassa pêle-mêle tout ce qu'il pensa devoir effrayer une jeune imagination. Lorsqu'il eut tout dit :

— N'est-ce que cela, mon père? demanda mademoiselle de La Seiglière avec un sourire plein de calme et de sérénité. Si le sol est miné sous nos pieds, si le ciel est noir, si la France, comme vous le dites, nous exècre et veut notre ruine, que faisons-nous ici? Partons, retournons dans notre chère Allemagne; allons-y vivre comme autrefois, pauvres, ignorés et paisibles. Si l'on crie guerre aux châteaux! on doit crier aussi paix aux chaumières! Que nous faut-il de plus? Le bonheur vit de peu, l'opulence ne vaut pas un regret.

Ce n'était pas l'affaire du vieux gentilhomme, qui savait heureusement un chemin plus sûr pour arriver à ce noble cœur.

— Mon enfant, répliqua-t-il en branlant la tête, ce sont là de beaux sentiments : voilà quelque trente ans, je n'en avais pas d'autres. Je fus un des premiers qui donnèrent le signal de l'émigration; patrie, château, fortune héréditaire, domaine des aïeux, j'abandonnai tout, et rien ne me coûta pour offrir cette preuve de dévoûment et de fidélité à la royauté en danger. J'étais jeune alors et vaillant. Aujourd'hui, je suis vieux, mon Hélène; le corps trahit le cœur; le sang ne sert plus le courage; la lame a usé le fourreau. Je ne suis plus qu'un pauvre vieillard, mangé de goutte et de rhumatismes, criblé de douleurs et d'infirmités. Par crainte d'alarmer ta tendresse, j'ai soigneusement caché jusqu'ici les souffrances et les maux que j'endure. Le fait est, ma fille, que je n'en puis plus. On me croit frais et vert, ingambe et bien portant; à me voir, il n'est personne qui ne me donnât hardiment encore un demi-siècle à vivre. Trompeuses apparences! de jour en jour, je décline et m'affaisse; regarde mes pauvres jambes, si l'on ne dirait pas des fuseaux! ajouta-t-il en montrant d'un air piteux un mollet vigoureux et rond. J'ai la poitrine bien malade! Ne nous faisons pas illusion: je ne suis plus qu'un rameau de bois mort qu'emportera bientôt un coup de bise.

— Oh! mon père, mon père, que dites-vous là! s'écria mademoiselle de La Seiglière en se jetant tout éplorée au cou du nouveau Sixte-Quint.

— Va, mon enfant, ajouta le marquis avec mélancolie, quelque force morale qu'on ait reçue du ciel, il est cruel à mon âge de reprendre le chemin de l'exil et de la pauvreté, alors qu'on n'a plus ici-bas d'autre espoir ni d'autre ambition que de s'éteindre tranquillement et de mêler ses os à la cendre de ses ancêtres.

— Vous ne mourrez pas, vous vivrez, dit Hélène avec assurance, en le pressant contre son sein. Dieu, que je prie pour vous dans toutes mes prières, Dieu, juste et bon, vous doit à mon amour; il me fera la grâce de prendre sur ma vie pour prolonger la vôtre. Quant à l'autre péril qui nous menace, mon père, est-il si grand et si pressant que vous semblez l'imaginer ? Laissez-moi vous dire que vous vous alarmez peut-être hors de propos. Pourquoi le peuple vous haïrait-il ? Vos paysans vous aiment parce que vous êtes bon pour eux. Quand je passe le long des haies, ils interrompent leurs travaux pour me saluer avec bienveillance ; du plus loin qu'ils m'aperçoivent, les petits enfants viennent à moi, joyeux et bondissants ; plus d'une fois, sous le toît de chaume, les mères ont pris ma main pour la porter doucement à leurs lèvres. Ce n'est point là le peuple qui nous hait. Vous parlez de sol miné, de bruits sinistres, de sombre horizon ?

Regardez, la terre fleurit et verdoie, le ciel est bleu, l'horizon est pur; je n'entends d'autres cris que le sifflement du pinson et le chant éloigné des bouviers et des pâtres; je ne vois d'autre révolution que celle que le printemps vient d'accomplir contre l'hiver.

— Aimable jeune cœur, qui ne voit et n'entend sur cette terre de méchants que les images de la nature et les harmonies de la création! dit le marquis en baisant le front d'Hélène avec une émotion sincère. Mon enfant, ajouta-t-il après un instant de silence, voilà bientôt trente ans, les choses ne se passaient pas autrement. Comme aujourd'hui, les champs se paraient de verdure et de fleurs, les pâtres chantaient sur le flanc des collines ; les pinsons sifflaient sous la feuillée naissante, et ta mère, ma fille, ta belle et noble mère, était comme toi l'ange béni de ces campagnes. Pourtant il fallut fuir. Crois-en ma vieille expérience, l'avenir est sombre et menaçant. C'est presque toujours sous ces ciels sereins que s'agite la colère des hommes et qu'éclate la foudre des révolutions. Supposons cependant que le péril soit loin encore ; admettons que j'aie le temps de mourir sous le toît de mes pères. Puis-je mourir en paix, avec l'idée que je te laisserai seule, sans soutien, sans appui, au milieu de l'orage et de la tourmente? Quand je ne serai plus, que deviendra ma fille bien-aimée? Est-ce M. de Vaubert qui te protégera dans ces temps d'épouvante? Malheureux enfants, vous avez tous deux un nom qui attire le tonnerre. Vous n'aurez fait, en vous unissant, que doubler vos chances funestes ; vous ne serez l'un pour l'autre qu'une charge et qu'un danger de plus ; chacun de vous aura contre lui deux fatalités au lieu d'une ; vous vous dénoncerez l'un l'autre à la fureur des haines populaires. J'en causais l'autre soir affectueusement avec la baronne : dans notre sollicitude alarmée, nous nous demandions s'il était bien prudent et sage de donner suite à ces projets d'union.

A ces mots, Hélène tressaillit et tourna vers son père un regard de biche effarouchée.

— Et même j'ai cru entrevoir, ajouta M. de La Seiglière, que la baronne ne serait pas éloignée de me rendre ma parole et de reprendre la sienne en échange, — Marquis, me disait-elle avec cette haute raison qui ne l'abandonne jamais, unir ces deux enfants, n'est-ce pas vouloir que deux vaisseaux en perdition essaient de se sauver l'un l'autre ? Isolés, ils ont encore, chacun de son côté, chance de s'en tirer ; ils sombrent, à coup sûr, en mariant leurs fortunes.—Ainsi parlait la mère de Raoul ; je dois ajouter que c'est aussi l'avis du célèbre Des Tournelles, vieil ami de notre famille, et qui, sans t'avoir jamais vue, te porte le plus vif intérêt. — Marquis, me disait un jour ce grand jurisconsulte, un des plus vastes esprits de notre époque, donner votre fille au jeune de Vaubert, c'est l'abriter, par un temps d'orage, sous un chêne en rase campagne, c'est appeler sur sa tête le feu du ciel.

— Mon père, répondit la jeune fille avec une froide dignité, M. Des Tournelles n'a rien à voir ici; c'est à peine si je reconnais à madame de Vaubert elle-même le droit de dégager ma main de celle de son fils. M. de Vaubert et moi, nous sommes devant Dieu engagés l'un à l'autre. J'ai sa parole, il a la mienne, Dieu : qui a reçu nos serments, pourrait seul nous en délier.

— Loin de moi la pensée, s'écria le marquis, de vouloir te prêcher la trahison et le parjure! Je crains seulement que tu ne t'exagères la gravité et la solennité des engagements qui t'enchaînent. Raoul et oi, vous êtes fiancés, rien de plus; or, comme on dit dans le pays, fiançailles et mariage font deux. Tant que le sacrement n'a point passé par là, on peut toujours, d'un mutuel accord, se dégager sans faillir à Dieu ni forfaire à l'honneur. Avant d'épouser ta mère, j'avais été fiancé neuf fois, la neuvième à treize ans, la première à sept mois. Ensuite, mon Hélène, je me garderai bien de contrarier tes inclinations. Je conçois que tu tiennes au jeune de Vaubert. Vous avez été élevés tous deux dans l'exil et dans la pauvreté; il peut vous sembler doux d'y retourner ensemble. A votre âge, mes chers enfants, il

n'est si triste perspective que la passion
n'égaie, n'enchante et n'illumine. Etre
deux, souffrir et s'aimer, c'est le bonheur de la jeunesse. Cependant j'ai
remarqué qu'en général ces liaisons qui
se sont formées si près du berceau manquent du je ne sais quoi qui fait le charme
de l'amour. Je ne me donne pas pour expert en matière de sentiment; toutefois
j'ai fini par découvrir qu'on aime peu ce
qu'on connaît beaucoup. Notre jeune baron est d'ailleurs un aimable et gracieux
cavalier, un peu froid, un peu compassé,
faut-il dire le mot? un peu nu, mais blanc
comme un lis et rose comme une rose.
Celui-là ne s'est pas durci les mains au
travail, le feu de l'ennemi ne lui a pas
bronzé le visage. Il a surtout une façon

d'arranger ses cheveux qui m'a toujours ravi.

— M. de Vaubert est un galant homme, mon père, répliqua gravement Hélène.

— Je le crois, pardieu bien! et un digne garçon qui n'a jamais fait parler de lui, et un héros modeste qui n'ennuiera jamais personne du récit de ses victoires. Ventre-saint-gris! ma fille, s'écria le marquis en changeant brusquement de ton, c'est triste à dire, mais il faut le dire : nos jeunes gentilshommes d'aujourd'hui ont l'air de croire qu'il ne sied qu'aux petites gens de faire de grandes choses. De mon temps, la jeune noblesse en agissait autrement, Dieu merci! Moi qui te parle... je n'ai point fait la guerre, c'est vrai ; mais, par l'épée de mes aïeux ! lorsqu'il a fallu se montrer, je me suis montré, et l'on me cite encore à la cour comme un des premiers fidèles qui s'empressèrent d'aller protester par leur présence à l'étranger contre les ennemis de notre vieille monarchie. Voilà, ma fille, voilà ce que ton père a fait, et si je ne me suis pas couvert de lauriers dans l'armée de Condé, c'est qu'il m'en coûtait trop d'aller cueillir des palmes arrosées du sang de la France.

— Mais mon père, dit Hélène d'une voix hésitante, ce n'est pas la faute de M. de Vaubert, s'il a vécu jusqu'à présent dans l'inaction et dans l'obscurité ; eût-il un cœur de lion, il ne peut pourtant pas donner des batailles à lui tout seul.

— Bah! bah! s'écria le marquis; les âmes altérées de gloire trouvent toujours moyen d'étancher leur soif. Moi, lorsque j'émigrai, j'étais sur le point de partir pour m'aller battre chez les Mohicans; si je gagnai l'Allemagne au lieu de l'Amérique, c'est qu'à l'heure du danger je compris que je me devais à notre belle France. Regarde ce jeune Bernard. Ça n'a pas encore vingt-huit ans; eh bien! ça vous a déjà un bout de ruban à la boutonnière; ça s'est promené en vainqueur dans les capitales de l'Europe; ça s'est fait tuer à la Moscowa. Il comptait vingt ans à peine, quand l'empereur, qui, quoi qu'on dise, n'était pas un sot, le remarqua à la bataille de Wagram. Ce que je t'en dis, mon enfant, n'est pas pour te détacher de Raoul. Je ne lui en veux pas, moi, à ce garçon, de n'être rien du tout. D'ailleurs, il est baron ; à son âge, c'est déjà gentil. Il ne faut pas non plus être trop exigeant.

— Mon père, dit Hélène de plus en plus troublée, M. de Vaubert m'aime ; il a ma foi, et pour moi c'est assez.

— Pour ça, il t'aime, je le crois d'autant mieux que je m'en suis rarement aperçu : les feux cachés sont les plus terribles. Seulement, je sais bien qu'à sa place, je ne serais point parti pour aller faire à Paris le belle jambe, précisément le lendemain du jour où ce jeune héros s'est installé sous notre toit.

— Mon père!...... dit Hélène en rougissant comme une fleur de grenadier.

— Il est vrai que Raoul t'envoie chaque mois une lettre. Je n'en ai lu qu'une seule : joli style, papier ambré, bonne orthographe, ponctuation exacte; mais, vive Dieu! ma fille, je te prie de croire que, de notre temps, ce n'est point ainsi que nous écrivions au tendre objet de notre flamme.

— Mon père!... répéta mademoiselle de La Seiglière d'une voix suppliante, en souriant à demi.

Ici, jugeant la place suffisamment démantelée, l'insidieux marquis revint à ses premières batteries. Il démontra qu'en ce temps d'épreuve, la noblesse n'avait de chances de salut qu'en se créant des alliances au-dessous d'elle. Il joua vis-à-vis de sa fille le rôle que le malin Des Tournelles avait joué quelques mois auparavant vis-à-vis de lui. Il se peignit encore une fois pauvre, exilé, proscrit, mendiant comme Bélisaire et mourant loin de la patrie. Encore une fois il mouilla les beaux yeux d'Hélène. Puis, par une transition habilement ménagée, il en vint à parler du vieux Stamply; il s'attendrit sur la probité de l'ancien fermier, et regretta de ne l'en avoir pas suffisamment récompensé de son vivant. Il sut éveiller les scrupules du jeune cœur, sans toutefois éveiller ses soupçons. Du père au fils, il n'y avait qu'un pas. Il exalta Bernard, et le représenta tour à tour comme une digue contre la fureur des flots, comme un abri durant la tempête. Bref, de détours en détours, pied à pied, pas à pas, il en arriva tout doucement à ses fins, c'est-à-dire à se demander tout haut, sous forme de réflexion, si, par ces mauvais jours, une alliance avec les Stamply n'offrirait pas aux La Seiglière plus d'avantage et de sécurité qu'une alliance avec les Vaubert. Le marquis en était là de son discours, lorsqu'il s'interrompit brusquement en apercevant Hélène si pâle et si tremblante qu'il pensa l'avoir tuée.

— Voyons, voyons, dit le marquis en la prenant entre ses bras, tu n'as point affaire au bourreau. Ai-je parlé, comme

Calchas, de te traîner au sacrifice et de t'immoler sur les marches de l'autel ? Que diable ! tu n'es pas Iphigénie, je ne suis pas Agamemnon. Nous causons, nous raisonnons, voilà tout. Je comprends qu'au premier abord, une La Seiglière se révolte et s'indigne à l'idée d'une mésalliance ; mais, mon enfant, je te le répète : songe à toi, songe à ton vieux père, songe au dévouement de mademoiselle de Sombreuil. Ce jeune Bernard n'est pas un gentilhomme ; mais qui est gentilhomme aujourd'hui ? Avant qu'il soit vingt ans, on ne se baissera même pas pour ramasser un titre. Je voudrais que tu pusses entendre M. Des Tournelles causant sur ce sujet. Qui sert bien son pays n'a pas besoin d'aïeux, a dit le sublime Voltaire. D'ailleurs, de tout temps on s'est mésallié ; les grandes familles ne vivent et ne se perpétuent que par des mésalliances. Pour en finir avec les Normands, un roi de France, Charles-le-simple, maria sa fille Ghisèle à un certain Rollon, qui n'était qu'un chef de vauriens, prouvant bien par ceci qu'il était moins simple que l'histoire ne devait le prétendre. Tout récemment, un soldat de fortune a épousé la fille des Césars. Et puis cela fera bon effet dans le pays, que tu épouses un Stamply ; on verra que nous ne sommes point ingrats ; on se dira que nous savons reconnaître un bon procédé, et, pour ma part, lorsque je me trouverai là-haut, nez à nez avec l'âme de mon vieux fermier, eh bien ! j'avoue qu'il ne me sera pas désagréable de pouvoir annoncer à ce brave homme que sa probité a reçu sa récompense sur la terre, et que nos deux familles n'en font qu'une désormais. Ça lui fera plaisir aussi à ce bonhomme, car il t'adorait, mon Hélène; vous étiez une paire d'amis. Est-ce que parfois il ne t'appelait pas sa fille? à ce compte il prendrait rang parmi les prophètes.

Le marquis parlait ainsi depuis un quart d'heure, déployant, pour vaincre les répugnances de sa fille, tout ce qu'il avait appris de finesse, de ruse et d'astuce à l'école de la baronne, quand tout à coup Hélène, qui s'était dégagée peu à peu des bras de son père, s'échappa, vive et légère comme un oiseau, et le marquis resta bouche béante au milieu d'une phrase, à la voir courir sur les pelouses du parc, et disparaître à travers les rameaux.

Après l'avoir longtemps suivie des yeux: — Est-ce que par hasard, se demanda le marquis en se touchant le front d'un air pensif et réfléchi, est-ce que par aventure ma fille aimerait le hussard? Qu'elle l'épouse, passe encore; mais qu'elle l'aime..... ventre-saint-gris!

XI

Pourquoi mademoiselle de La Seiglière s'était-elle échappée tout à coup des bras de son père? pourquoi, quelques instants auparavant, la pâleur de la mort avait-elle passé sur son front? pourquoi presque aussitôt tout son sang avait-il reflué violemment vers son cœur? pourquoi, tandis que le marquis essayait de lui démontrer la nécessité d'une alliance avec Bernard, venait-elle de s'enfuir, agitée, tremblante, éperdue, et cependant, vive, heureuse et légère? Elle-même n'aurait pu le dire. Arrivée au fond du parc, elle se laissa tomber sur un tertre, et des larmes silencieuses roulèrent sans effort le long de ses joues, perles humides, gouttes de rosée sur les pétales embaumés d'un lis. Ainsi le bonheur et l'amour ont des pleurs pour premier sourire, comme s'ils avaient l'un et l'autre en naissant l'instinct de leur fragilité et la conscience qu'ils naissent pour souffrir.

On touchait à la fin d'avril. Le parc n'étant pas assez vaste pour contenir l'ivresse de son âme, Hélène se leva et gagna la campagne. Sous ses pieds, la terre était en fleurs, le ciel bleu souriait sur sa tête, la vie chantait dans son jeune sein. Elle avait oublié Raoul et songeait à peine à Bernard. Elle allait au hasard, absorbée par une pensée vague, mystérieuse et charmante, s'arrêtant de loin en loin pour en respirer le parfum, et reportant à Dieu les joies qui l'inondaient dans tous les replis de son âme ; car c'était, ainsi que nous l'avons dit déjà, une nature grave aussi bien que tendre, et profondément religieuse.

Ce ne fut qu'en voyant le soleil baisser à l'horizon, qu'Hélène songea à reprendre le chemin du château. En revenant, du haut de la colline qu'elle avait gravie et qu'elle se préparait à descendre, elle aperçut Bernard qui passait à cheval dans le creux du vallon. Elle tressaillit doucement, et son regard ému le suivit longtemps dans la plaine. Elle revint en réfléchissant sur la destinée de ce jeune homme qu'elle croyait pauvre et déshérité: pour la première fois, mademoiselle de La Seiglière se prit à contempler avec un sentiment de bonheur et d'orgueil le château de son père qu'embrasaient les rayons du couchant, et la mer de verdure que les brises du soir faisaient onduler à l'entour. Cependant, en découvrant sur l'autre rive le petit castel de Vaubert sombre et renfrogné derrière son massif de chênes, dont le printemps n'avait point encore reverdi les rameaux, elle ne put se défendre d'un mouvement de tristesse et d'effroi, comme si elle eût compris que c'était de là que devait partir le coup de foudre qui briserait sa vie tout entière. Ce coup de foudre ne se fit pas attendre. Arrivée à la grille du parc, Hélène allait en franchir le seuil, lorsqu'elle fut abordée par un serviteur de la baronne qui lui remit un paquet sous enveloppe, scellé d'un triple cachet aux armes de Vaubert. En reconnaissant à la suscription l'écriture du jeune baron qui était arrivé la veille et qu'elle ne savait pas de retour, l'enfant pâlit, déchira l'enveloppe d'une main tremblante, et trouva, mêlée à ses propres lettres que lui renvoyait Raoul, une lettre de ce jeune homme. Hélène en déchira les feuillets encore tout humides, et, après l'avoir lue sur place, elle demeura atterrée, comme si en effet le feu du ciel venait de tomber à ses pieds.

Assez semblable à ces automates qu'en pressant un ressort on fait à volonté paraître et disparaître, M. de Vaubert était revenu comme il était parti, sur un mot de sa mère, avec le même sourire sur les lèvres et le même nœud à sa cravate. Pour n'être pas précisément un aigle, c'était, à tout prendre, un esprit droit, une âme honnête, un cœur bien placé. Non-seulement il n'avait jamais trempé dans les intrigues de sa mère, mais, grâce aux trésors d'intelligence et de perspicacité que lui avait départis le ciel, nous pouvons affirmer qu'il ne les avait même pas soupçonnées. Jusqu'à présent, il avait naïvement pensé, comme Hélène, que le vieux Stamply, en se dépouillant, n'avait fait que restituer aux La Seiglière des biens qui ne lui appartenaient pas, et qu'en ceci le bonhomme avait obéi seulement aux suggestions de sa conscience. Raoul ne s'était jamais, à vrai dire, beaucoup préoccupé de toute cette affaire, et n'en avait vu que les résultats, qui, pour parler net, ne lui déplaisaient pas. Pauvre, il avait eu, de tout temps, le goût de l'opulence, et n'imaginait pas qu'un cadre d'un million pût rien gâter à un joli portrait. Toutefois, il aimait Hélène moins pour sa fortune que pour sa beauté ; il l'aimait à sa manière, froidement, mais noblement ; sans passion, mais sans calcul. Il savait d'ailleurs ce que vaut une parole donnée et reçue ; jamais le souffle des vils intérêts n'avait flétri sa fleur d'honneur et de jeunesse. En apprenant ce qui s'était passé durant son absence, la résurrection miraculeuse du fils Stamply, son retour au pays, son installation au château, ses droits incontestables, d'où résultait inévitablement la ruine complète du marquis et de sa famille, M. de Vaubert, comme on le peut croire, ne se livra point à de bien vifs transports d'allégresse ; son visage s'allongea singulièrement, et le jeu de sa physionomie n'exprima qu'une satisfaction médiocre ; mais lorsqu'après lui avoir montré le fond des choses, madame de Vaubert demanda résolument à son fils quel parti il comptait prendre en ces conjonctures, le jeune homme releva la tête et n'hésita pas un instant. Il déclara simplement, sans effort et sans enthousiasme, que la ruine du marquis ne changeait absolument rien aux engagements qu'il avait contractés vis-à-vis de sa fille, et qu'il était prêt à épouser, comme par le passé, mademoiselle de La Seiglière.

— Je n'attendais pas moins de vous, répliqua madame de Vaubert avec fierté; vous êtes mon noble fils. Malheureusement ce n'est pas tout. Le marquis, pour conserver ses biens, a résolu de marier sa fille à Bernard.

— Eh bien! ma mère, répondit M. de

Vaubert qui ne laissa voir aucune émotion, si mademoiselle de La Seiglière croit pouvoir, sans forfaire à l'honneur, retirer sa main de la mienne, que mademoiselle de La Seiglière soit libre ; mais je ne cesserai de me croire engagé vis-à-vis d'elle que lorsqu'elle aura cessé la première de se croire engagée vis-à-vis de moi.

— Vous êtes un noble cœur, s'écria avec un mouvement de joie la baronne, qui comprit que l'affaire allait s'entamer ainsi qu'elle l'avait souhaité. Écrivez donc en ce sens à mademoiselle de la Seiglière. Soyez digne, mais aussi soyez tendre, afin qu'on ne puisse pas supposer que vous avez écrit seulement pour l'acquit de votre conscience. Cela fait, quoi qu'il arrive ensuite, vous aurez dignement rempli les devoirs d'un amant fidèle et d'un preux chevalier.

Sans plus tarder, M. de Vaubert se mit devant un bureau, et sur un joli papier qu'il avait rapporté de Paris, glacé, musqué, timbré aux armes de sa maison, il écrivit les lignes suivantes, auxquelles la baronne, après en avoir pris connaissance, donna sa maternelle approbation, bien qu'elle eût désiré y trouver plus de passion et de tendresse. Ainsi, les hostilités allaient commencer ; entre les mains de la rusée baronne, ce double feuillet de papier lustré, armorié, parfumé, et couvert sur la première page d'une belle écriture anglaise, n'était rien moins qu'une bombe qui, lancée dans la place, devait, en éclatant, exercer des ravages prévus, calculés, d'un effet à peu près certain.

« MADEMOISELLE,

« J'arrive et j'apprends en même temps la révolution qui s'est opérée dans votre destinée, et les nouvelles dispositions qu'a prises M. votre père pour replacer sur votre tête l'héritage de ses ancêtres, que vient de lui ravir le retour du fils de son ancien fermier. Qu'à ces fins M. le marquis ait cru pouvoir prendre sur lui de désunir deux mains et deux cœurs unis depuis dix ans devant Dieu, Dieu en jugera;

je m'abstiens. Il ne sied pas d'ailleurs à la pauvreté de se mettre en balance avec la fortune. Seulement, il est de mon honneur, bien moins encore que de mon amour, de vous déclarer, Mademoiselle, que si vous ne partagiez pas en ceci les sentiments de M. votre père, et ne pensiez pas, comme lui, que la foi jurée ne soit qu'un vain mot, j'aurais autant de bonheur à partager avec vous ma modeste condition que vous en auriez eu vous-même à partager avec moi votre luxe et votre opulence. Après cet aveu, dont vous ne me ferez pas l'outrage de suspecter la sincérité, je n'ajouterai pas un mot; c'est à vous seule qu'il appartient désormais de décider de mon sort et du vôtre. Si vous repoussez mon humble of-frande, reprenez ces lettres qui ne m'appartiennent plus ; je souffrirai sans me plaindre ni murmurer. Si vous consentez, au contraire, à venir embellir ma vie et mon foyer, renvoyez-moi ces précieux gages, je les presserai avec joie et reconnaissance contre un cœur fidèle et dévoué.

« Raoul. »

Ramenée violemment au sentiment de la réalité, Hélène n'hésita pas plus que Raoul n'avait hésité. Après être sortie de l'espèce de stupeur dans laquelle venait de la jeter la lecture de ces quelques lignes, elle courut à son appartement, et là, étouffant sans faiblesse le rêve d'une heure au plus, rayon éteint aussitôt qu'entrevu, fleur brisée au moment d'éclore, elle prit une plume pour écrire elle-même et signer l'arrêt de mort de son propre bonheur ; mais, n'en trouvant pas le courage, elle se contenta de mettre ses lettres sous enveloppe et de les renvoyer immédiatement à Raoul. Cela fait, elle cacha sa tête entre ses mains, et ne put s'empêcher de verser quelques larmes, bien différentes, hélas ! de celles qu'elle avait répandues le matin. Cependant, sous la mélancolie d'un vague regret à peine défini, elle sentit bientôt une sourde inquiétude remuer et gronder dans son sein. En lisant d'un seul regard le billet de M. de Vaubert, elle n'avait vu clairement, et nettement compris qu'une chose, c'est que ce jeune homme la rappelait solennellement à la foi jurée sous peine de parjure et de trahison; dans l'exaltation de sa conscience, Hélène avait négligé le reste. Une fois apaisée par le sacrifice, l'esprit plus calme et les sens plus rassis, elle se remémora peu à peu quelques expressions de la lettre de son fiancé, auxquelles sa pensée ne s'était pas arrêtée d'abord, mais qui avaient laissé en elle une impression confuse et pénible. Tout à coup, ses souvenirs se dégageant et devenant de plus en plus distincts, elle prit entre sa robe et sa ceinture le billet de Raoul, qu'elle avait glissé là, sans doute pour défendre et protéger son cœur; après l'avoir relu attentivement, après avoir pressuré chaque mot et creusé chaque phrase pour en faire jaillir la lumière, mademoiselle de La Seiglière le relut encore une fois; puis, passant insensiblement de la surprise à la réflexion, elle finit par s'abîmer dans une méditation profonde.

C'était un esprit pur, un cœur pieux et fervent, une âme immaculée qui n'avait jamais touché, même du bout des ailes, aux fanges de la vie. Toutes les illusions habitaient dans son sein. Elle croyait au bien naturellement, sans effort, et n'avait jamais soupçonné le mal. Pour tout dire en un mot, telle était sa naïve candeur, qu'il ne lui était pas arrivé de suspecter la loyauté, la bonne foi et le désintéressement de madame de Vaubert elle-même. Toutefois, depuis l'installation de Bernard, elle avait compris vaguement qu'il se tramait autour d'elle quelque chose d'équivoque et de mystérieux. Quoique d'un naturel ni défiant ni curieux, elle s'en était confusément préoccupée, surtout en voyant s'altérer et s'assombrir l'humeur de son père, qu'elle avait connu de tout temps, même au fond de l'exil, joyeux, souriant, étourdi, charmant. Elle s'était étonnée de la subite disparition de Raoul et de son absence prolongée, qu'on n'avait pu réussir à motiver suffisamment : elle n'était pas sans avoir remarqué le brusque changement qui s'était opéré tout d'un coup dans les mondaines habitudes du marquis et de la baronne, à partir du jour où Bernard avait partagé la vie du château; enfin, elle s'était demandé parfois, à ses heures de trouble et d'épouvante, comment il pouvait se faire que ce jeune homme, dans la force de l'âge, acceptât si longtemps une condition humiliante et précaire, au lieu de chercher à se créer une position indépendante, ainsi qu'il eût convenu à un caractère énergique et fier. Que se passait-il ? Hélène l'ignorait; mais à coup sûr il se passait quelque chose d'étrange qu'on s'étudiait à lui cacher. La lettre du jeune baron fut un éclair dans cette sombre nuit. A force d'y réfléchir, si mademoiselle de la Seiglière ne devina point la vérité tout entière et dans tout son éclat, du moins la vit-elle apparaître comme un point lumineux qui, bien que presque imperceptible, la dirigea dans ses investigations. Une fois sur la voie, Hélène se souvint de quelques discours inachevés, échappés au vieux Stamply, durant le cours de sa longue agonie, et dont elle avait alors essayé vainement d'interpréter le sens : elle se rappela dans tous ses détails l'accueil empressé, plus qu'hospitalier, qu'on avait fait au retour du fils, après avoir humilié la vieillesse du père ; bref, elle promena, comme un flambeau, le billet de Raoul à travers tous les incidents qui avaient signalé le séjour de Bernard, et dont elle s'était jusqu'à présent épuisée en efforts inutiles pour soulever le voile et percer la morne obscurité. D'épisode en épisode, elle en vint ainsi à se demander pourquoi la baronne semblait s'être retirée du château depuis une semaine et plus, pourquoi M. de Vaubert, au lieu d'écrire, ne s'était pas présenté en personne ; puis, lorsqu'enfin elle en fut arrivée à l'entretien qu'elle avait eu quelques heures auparavant avec son père, sentant ici tout son sang indigné lui monter au visage, elle se leva fièrement et sortit d'un pas ferme pour aller trouver le marquis.

XIII

A la même heure, assis auprès d'un guéridon, notre marquis, en attendant le dîner, était occupé à tremper des mouillettes de biscuit dans un verre de vin d'Espagne, et, quoique cruellement frappé dans son orgueil, il se sentait pourtant en appétit, et jouissait de ce sentiment de bien-être et de satisfaction qu'on éprouve après avoir subi une opération douloureuse devant laquelle on avait longtemps reculé. Il en avait fini avec la baronne, s'était à peu près assuré des dispositions de sa fille, et, quant à l'assentiment de Bernard, il ne s'en préoccupait pas. Peu expert en matière de sentiment, ainsi qu'il l'avait dit lui-même, cependant le marquis s'y entendait assez pour avoir entrevu depuis longtemps que le hussard n'était pas insensible à la beauté d'Hélène; d'ailleurs il aurait bien voulu voir que ce fils de vilain ne s'estimât pas trop heureux de mêler le sang de son père à celui de ses anciens seigneurs. Là-dessus, il était tranquille; seulement il s'affligeait de n'avoir pas rencontré auprès de sa fille plus d'obstacles et de résistance. L'idée qu'une La Seiglière pouvait aimer un Stamply le plongeait dans une consternation impossible à dépeindre ; c'était la lie de son calice. — Que la main se mésallie, mais, vive Dieu ! sauvons du moins le cœur ! se disait-il avec indignation. En revanche, ce qui le charmait dans cette aventure, c'était de penser à la mine que devaient faire dans leur petit castel madame de Vaubert et son grand benêt de fils. En y réfléchissant, le diable de marquis se frottait les mains, se renversait sur son fauteuil, se livrait à des ébats de chat en gaîté, et, se rappelant ce que la baronne lui avait tant de fois répété, que Paris vaut bien une messe, il éclatait de rire dans sa peau en songeant que tout ceci allait finir précisément par une messe, par une messe de mariage.

Il était dans un de ces accès de gaillarde humeur, quand la porte du salon s'ouvrit, et mademoiselle de La Seiglière entra, si grave, si fière, si vraiment royale, que le marquis, après s'être levé pour l'entourer de ses bras caressants, resta interdit devant elle.

— Mon père, dit aussitôt d'une voix altérée, mais calme, la belle et noble créature, répondez-moi franchement, loyalement, en bon gentilhomme, et, quoi que vous ayez à me révéler, soyez sûr d'avance que vous ne me trouverez jamais au-dessous des devoirs et des obligations que pourra m'imposer le soin de votre propre gloire. Répondez-moi donc sans détour, je vous en prie au nom du Dieu vivant, au nom de ma sainte mère, qui nous voit et qui nous écoute.

— Ventre-saint-gris! pensa le marquis déjà troublé, voilà un début qui ne me promet rien de bon.

— Mon père, demanda la jeune fille avec assurance, à quel titre M. Bernard habite-t-il au milieu de nous?

— Quelle question! s'écria le marquis de plus en plus alarmé, mais faisant encore bonne contenance ; à titre d'hôte et d'ami, j'imagine. Nous devons assez à la mémoire de son bonhomme de père pour que nul n'ait le droit d'être surpris de voir ce jeune homme à ma table. A propos, ajouta-t-il en tirant de son gousset une montre d'or émaillé, suspendue à une chaîne chargée de breloques, de bagues et de cachets, est-ce que ce maraud de Jasmin ne sonnera pas le dîner aujourd'hui? Tu vois bien ce petit bijou? regarde-le, ça n'a l'air de rien ; en réalité, ça vaut à peine un écu de six livres ; je ne le donnerais pas pour les diamants de la couronne. C'est une histoire qu'il faut que je te conte. Imagine-toi qu'un jour, c'était en mil sept cent...

— Mon père, vous avez une autre histoire à me raconter, dit gravement Hélène en l'interrompant avec autorité, une histoire plus récente, et dans laquelle il est aussi question d'un joyau, mais plus précieux que celui-là, puisqu'il s'agit de notre honneur. M. Bernard est ici à titre d'hôte, m'avez-vous répondu ; mon père, il vous reste encore à m'apprendre qui de nous ou de lui reçoit l'hospitalité, qui de lui ou de nous la donne.

A ces mots, et sous le regard qu'Hélène venait d'attacher sur lui, le marquis, plus blanc que le jabot de sa chemise, se laissa lourdement tomber dans un fauteuil.

— Tout est perdu ! se dit-il avec un morne désespoir ; l'enragée baronne a parlé.

— Enfin, mon père, reprit l'impitoyable

enfant en croisant ses bras sur le dos du fauteuil dans lequel M. de La Seiglière s'était affaissé, je vous demande si nous sommes chez M. Bernard ou si ce jeune homme est chez nous.

Las de ruse et de mensonge, convaincu d'ailleurs que sa fille était au courant de tout, le marquis ne songea plus qu'à corriger la vérité et à la mitiger de son mieux dans ce qu'elle pouvait avoir de trop amer pour son orgueil et pour son amour-propre.

— Ma foi ! s'écria-t-il en se levant d'un air exaspéré, si tu veux que je te le dise, moi-même je n'en sais rien. On a profité de mon absence pour faire un code de lois

infâmes ; M. de Buonaparte, qui ne m'a
jamais aimé, a glissé là-dedans un article
tout exprès pour embrouiller mes affaires.
Il y a réussi, le Corse ! Les uns prétendent
que je suis chez Bernard, les autres affirment que Bernard est chez moi ; ceux-ci
que le vieux Stamply m'a tout donné,
ceux-là qu'il m'a tout restitué. Tout ceci,
vois-tu, c'est la bouteille à l'encre; Des
Tournelles ne sait qu'en penser, et le diable y perdrait son latin. Au reste, ma fille,
il est bon que tu saches que c'est cette infernale baronne qui nous a mis dans ce
mauvais pas. Rappelle-toi comme nous
vivions gentiment tous deux dans notre
petit trou d'Allemagne ! Voilà qu'un jour
madame de Vaubert, — apprends à la connaître, — s'imagine de vouloir me faire

rentrer dans la fortune de mes pères, sachant bien qu'aux termes de nos conventions, cette fortune reviendrait plus tard à son fils. Elle m'écrit que mon ancien fermier est bourrelé de remords, qu'il m'appelle à grands cris et ne saurait mourir en paix qu'après m'avoir rendu tous mes biens. Je crois cela, moi! j'ai pitié de la conscience troublée de ce brave homme et ne veux pas qu'on puisse m'accuser d'avoir causé la perte d'une âme. Je pars, je me hâte, j'arrive, et qu'est-ce que je découvre un beau matin? que ce digne homme ne m'a rien rendu, et que c'est un cadeau qu'il m'a fait. Voilà du moins ce que disent mes ennemis; j'en ai des ennemis, car, ainsi que le disait Des Tournelles, quel être supérieur n'en a pas? Sur ces entrefaites,

Bernard, qu'on croyait mort, nous tombe sur la tête comme un glaçon de Sibérie. Que va-t-il se passer? M. de Buonaparte a si bien arrangé les choses, qu'il est impossible de s'y reconnaître. Suis-je chez Bernard? Bernard est-il chez moi? je n'en sais rien, il n'en sait rien; Des Tournelles lui-même n'en sait pas davantage. Telle est l'histoire, et telle est la question.

Hélène avait grandi et s'était élevée en dehors de toutes les préoccupations de la vie réelle. Elle n'avait jamais rien soupçonné des intérêts positifs qui jouent un si grand rôle dans l'existence humaine, qu'ils l'absorbent presque tout entière. N'ayant, sur toutes choses, reçu d'autres enseignements que ceux de son père, qui était l'ignorance la mieux nourrie, la plus sereine et la plus fleurie du royaume, les connaissances qu'avait mademoiselle de La Seiglière en droit français se trouvaient égaler les notions qu'elle pouvait avoir sur la législation japonaise. Mais cette enfant, qui ne savait rien, possédait pourtant une science plus grande, plus sûre, plus infaillible que celle des jurisconsultes les plus habiles et des légistes les plus consommés. Dans une âme honnête et simple, elle avait conservé aussi pur, aussi limpide, aussi lumineux qu'elle l'avait reçu, ce sentiment du juste et de l'injuste que Dieu a déposé comme un rayon de sa suprême intelligence dans le sein de toutes ses créatures. Elle ignorait les lois des hommes;

mais la loi naturelle et divine était écrite dans son cœur comme sur des tablettes d'or, et nul souffle malsain, nulle passion mauvaise n'en avait altéré le sens ni terni les sacrés caractères. Elle dégagea donc sans efforts la vérité des nuages dont son père cherchait encore à l'obscurcir; sous la broderie, elle sut démêler la trame. Tandis que le marquis parlait, Hélène s'était tenue debout, calme, impassible, pâle et froide. Lorsqu'il se tut, elle alla s'accouder sur le marbre de la cheminée, et demeura longtemps silencieuse, les doigts perdus sous les nattes de ses cheveux, regardant avec une muette épouvante l'abîme dans lequel elle venait d'être précipitée, comme une colombe mortellement atteinte en glissant dans l'azur du ciel, et qui tombe, l'aile fracassée, sanglante et palpitante, entre les roseaux d'un marais impur.

— Ainsi, mon père, dit-elle enfin sans changer d'attitude et sans tourner les yeux vers l'infortuné gentilhomme qui, ne sachant plus à quel saint se vouer, rôdait autour de sa fille comme une âme en peine: ainsi ce vieillard, dont la vie s'est achevée tristement dans l'abandon et dans la solitude, s'était dépouillé pour nous enrichir! Ah! béni soit Dieu qui m'inspira d'aimer cet homme généreux, puisque, sans moi, notre bienfaiteur serait mort sans une main amie pour lui fermer les yeux.

— Que veux-tu? s'écria le marquis d'un

air confus ; la baronne s'est montrée en tout ceci d'une ingratitude horrible. Moi, je l'aimais, ce vieux; il me réjouissait; je lui trouvais bonne façon : là, vrai, j'avais plaisir à le voir. Eh bien! la baronne ne pouvait pas le souffrir. J'avais beau lui dire : — Madame la baronne, ce vieux Stamply est un brave homme; il nous a fait du bien ; nous lui devons quelques égards. Si j'avais voulu la croire, j'aurais fini par le chasser de ma maison. Le roi lui-même m'eût prié de le faire, que je n'y aurais point consenti.

— Ainsi, reprit Hélène après un nouveau silence, quand ce jeune homme s'est présenté armé de ses droits, au lieu de lui restituer loyalement les biens de son père et de nous retirer tête haute, nous avons obtenu, à force d'humilité, qu'il consentît à nous garder, à nous laisser vivre sous son toit! De votre fille, qui ne savait rien, vous avez fait votre complice!

— J'ai voulu partir, s'écria le marquis; Bernard venait de se nommer que j'avais déjà pris ma canne et mon chapeau. C'est la baronne qui m'a retenu; c'est elle qui nous a joués tous; c'est elle qui nous a tous perdus.

Ici, mademoiselle de La Seiglière se retourna fièrement, prête à demander compte à son père de l'entretien qu'ils avaient eu tous deux dans cette même chambre; mais la parole expira sur ses lèvres : sa poitrine se gonfla, son front se couvrit de rougeur, et, se jetant dans un fauteuil, elle fondit en pleurs, son sein éclata en sanglots. Était-ce seulement l'orgueil révolté qui se plaignait en elle, et l'amour étouffé ne mêlait-il pas ses soupirs aux cris de la dignité offensée? Le cœur le plus pur et le plus virginal est encore un abîme où la sonde s'égare, et dont pas une n'a touché le fond. En voyant le désespoir de sa fille, le marquis acheva de perdre la tête. Il se précipita aux genoux d'Hélène, et lui prit les mains qu'il couvrit de baisers, en pleurant de son côté comme un vieil enfant qu'il était.

— Ma fille! mon enfant! disait-il en la pressant entre ses bras; calme-toi, ménage ton vieux père; ne le fais pas mourir de douleur à tes pieds. Veux-tu partir? partons. Allons vivre au fond des bois comme deux sauvages; si tu l'aimes mieux, retournons dans notre vieille Allemagne. Qu'est-ce que ça me fait, à moi, la fortune, pourvu que tu ne pleures pas? La fortune! je m'en soucie comme de ça! En vendant mes bijoux, ma montre et mes breloques, j'aurai toujours des fleurs pour mon Hélène. Allons je ne sais où; je serai bien partout où tu me souriras. Je te contais ce matin que je n'avais plus qu'un souffle de vie; je mentais. J'ai une santé de fer. Regarde ce mollet; si l'on ne dirait pas du bronze coulé dans un bas de soie! Cet hiver, j'ai tué sept loups; je fatigue Bernard à me suivre, et j'espère bien enterrer la baronne, qui a quinze ou vingt ans de moins que moi, à ce qu'elle prétend, car je la connais trop maintenant pour croire seulement la moitié de ce qu'elle avance. Vite donc, essuyons ces beaux yeux; un sourire, un baiser, ton bras sur mon bras, et, gais Bohémiens, vive la pauvreté !

— Ah ! mon noble père, je vous retrouve enfin! s'écria mademoiselle de La Seiglière avec un élan de joie. Vous l'avez dit, partons; ne restons pas ici davantage : nous n'y sommes restés déjà que trop longtemps.

— Partir! s'écria l'étourdi gentilhomme, qui ne s'était pas assez défié de son premier mouvement, et qui pour beaucoup aurait voulu pouvoir rattraper les paroles imprudentes qui venaient de lui échapper; partir! répéta-t-il avec stupeur. Eh! ma pauvre fille, où diable veux-tu que nous allions? Tu ne sais donc pas que je suis en guerre ouverte avec la baronne, et qu'il ne nous reste même plus la ressource d'aller maigrir à sa table et grelotter à son foyer!

— Si madame de Vaubert nous repousse, nous irons où Dieu nous conduira, répondit Hélène; mais du moins nous nous sentirons marcher dans le chemin de notre honneur.

— Voyons, voyons, dit M. de La Seiglière en s'asseyant d'un air câlin à côté d'Hélène, c'est très bien qu'on aille où

Dieu vous conduit, on ne saurait choisir un meilleur guide; malheureusement, Dieu qui donne le couvert et la pâture aux petits des oiseaux, n'est pas si libéral envers les petits des marquis. Il est charmant de se dire ainsi : Partons, allons où Dieu nous mène! cela plaît aux jeunes imaginations ; mais quand on est parti et qu'on a fait six lieues, et qu'on arrive au soir avec la perspective de coucher, sans avoir soupé, à la belle étoile, on commence à trouver le chemin de Dieu un peu rude. S'il ne s'agissait que de moi, voilà beau temps que j'aurais chaussé les sandales du pèlerin et repris le bâton de l'exil; mais il s'agit de toi, mon Hélène! Laissons là ces pieux enfantillages; causons raisonnablement, avec calme, ainsi qu'il convient entre de vieux amis comme nous. Voyons, est-ce qu'il n'y aurait pas un moyen d'arranger cette petite affaire à la satisfaction de toutes les parties intéressées ? Est-ce que, par exemple, ce que je te disais ce matin...

— Ce serait votre honte et la mienne, répliqua froidement Hélène. Savez-vous ce que dirait le monde ? Il dirait que vous avez vendu votre fille : la pauvreté n'a pas droit de mésalliance. Que penserait M. de Vaubert ? et que penserait-il, ce jeune homme au-devant de qui je suis allée avec empressement, le croyant pauvre et déshérité ? Tandis que l'un m'accuserait de trahison, l'autre me soupçonnerait de n'avoir fait la cour qu'à sa fortune, et tous deux me mépriseraient. Marquis de La Seiglière, relevez la tête et le cœur : noblesse et pauvreté obligent. Qu'y a-t-il d'ailleurs de si effrayant dans la destinée qui nous est échue? Sommes-nous sans asile? Je réponds de M. de Vaubert.

— Mais, ventre-saint-gris! s'écria le marquis, je te répète qu'entre la baronne et moi c'est une guerre à mort.

— Le roi nous aidera, dit Hélène; il doit être bon, juste et grand, puisqu'il est le roi.

— Ah bien oui, le roi! il ne se doute même pas de ce que j'ai fait pour lui. L'ère des grandes ingratitudes date de l'établissement de la monarchie.

— J'irai me jeter à ses pieds, je lui dirai : Sire...

— Il refusera de t'entendre.

— Eh bien ! mon père, s'écria mademoiselle de La Seiglière avec fermeté, il vous restera votre fille. Je suis jeune et j'ai bon courage ; je vous aime, je travaillerai.

— Pauvre enfant, dit le marquis en baisant l'une après l'autre les mains de la blonde héroïne ; le travail de ces jolis doigts ne suffirait pas à nourrir une

alouette en cage. Pour en revenir à ce
que je te disais ce matin, tu prétends
donc que ce serait ma honte et la tienne?
Je me pique d'avoir l'épiderme de l'honneur quelque peu chatouilleux, et pourtant en ceci je ne vois pas les choses
comme toi, mon Hélène. Mettons de côté
la question du monde ; quoi qu'on fasse,
à quelque parti qu'on se rende, le monde
y trouve toujours à gloser : fou qui s'en
soucie ! Tu crains que M. de Vaubert ne
t'accuse de trahison et de parjure ? Là-dessus, sois bien rassurée ; la baronne est
une fine mouche qui ne permettra jamais
à son fils de s'allier avec notre ruine, et
bien que je ne doute pas du désintéressement de Raoul, entre nous, c'est un grand
dadais que sa mère mènera toujours par

le bout du nez. Quant à Bernard, pourquoi te mépriserait-il ? Je conviens qu'il ne saurait raisonnablement prétendre à l'amour d'une La Seiglière ; mais la passion ne raisonne pas, et ce garçon t'aime, ma fille.

— Il m'aime ? dit Hélène d'une tremblante voix.

— Pardieu ! dit le marquis, il t'adore.

— Qu'en savez-vous, mon père ? murmura mademoiselle de La Seiglière d'une voix mourante et en s'efforçant de sourire.

— Il n'y a plus de doute, pensa le marquis en étouffant un soupir de résignation, ma fille aime le hussard. Ce que j'en sais ! s'écria-t-il ; ma jeunesse n'est déjà pas si loin, que je ne me souvienne encore comment ces choses-là se passent. L'hiver, au coin du feu, quand il racontait ses batailles, crois-tu que ce fût pour les beaux yeux de la baronne qu'il se mettait en frais de poudre, d'éloquence et de coups de sabre ? A partir du soir où tu ne fus plus là, le diable ne lui eût pas arraché trois paroles. Est-ce que je n'ai pas bien compris dès-lors la cause de sa tristesse, de son silence et de son humeur sombre ? N'ai-je pas vu son front s'éclaircir, quand tu nous as rendu ta présence ? Et le jour où il s'exposa à se faire rompre les os par Roland, penses-tu que ce ne fût point là une bravade d'amoureux? Il t'adore, te dis-je ; et d'ailleurs, fût-il un fils de France, je voudrais bien voir qu'il se permît de ne t'adorer pas !

Le marquis s'interrompit pour considérer sa fille, qui l'écoutait encore. A ces paroles de son père, Hélène avait senti son rêve mal étouffé tressaillir dans son cœur, et elle était là, pensive, silencieuse, oubliant qu'elle venait de river la chaîne qui la liait pour jamais à Raoul, s'abandonnant, à son insu, au courant insensible qui l'entraînait vers une rive où chantaient la jeunesse et l'amour.

— Allons! se dit le marquis, nous aurons deux mésalliances au lieu d'une.

Et, prenant gaîment son parti, il se frottait déjà les mains, quand tout à coup la porte du salon s'ouvrit avec fracas, et madame de Vaubert se précipita comme une trombe dans l'appartement, suivie de Raoul, impassible et grave.

— Venez, aimable et noble enfant, s'écria la baronne en tendant vers Hélène ses deux bras tout grands ouverts, venez, que je vous presse sur mon cœur. Ah! que je savais bien, ajouta-t-elle avec effusion, en couvrant de baisers le front et les cheveux de mademoiselle de La Seiglière, que je savais bien qu'entre l'opulence et la pauvreté votre belle âme n'hésiterait pas! Mon fils, embrassez votre femme; ma fille, embrassez votre époux : vous êtes dignes l'un de l'autre.

Ainsi parlant, elle avait doucement attiré Hélène vers le jeune baron, qui lui baisa la main avec respect.

— Vous les voyez, marquis, reprit-elle d'un air attendri; vous voyez leurs transports. Dites maintenant, eussiez-vous un cœur d'airain, une ourse vous eût-elle allaité au berceau, dites si vous aurez le courage de briser des liens si charmants? Ce n'est plus seulement de votre gloire qu'il s'agit désormais, c'est aussi du bonheur de ces deux nobles créatures.

— Ma foi! se dit le marquis, dont nous renonçons à peindre la stupéfaction, si j'y comprends quelque chose, je veux que la baronne ou la peste m'étouffe.

— Monsieur le marquis, dit Raoul en faisant vers lui quelques pas et en lui tendant une main loyale, les révolutions ne m'ont laissé que peu de chose de la fortune de mes pères, mais le peu qui m'en reste est à vous.

— Monsieur de Vaubert, dit Hélène, c'est bien.

— Magnanimes enfants! s'écria la baronne. Marquis, vous êtes ému. Vos yeux s'humectent; une larme a roulé sous votre paupière. Pourquoi cherchez-vous à vous défendre de l'attendrissement qui vous gagne? Vos jambes se dérobent sous vous; votre cœur est près de se fondre. Ne vous raidissez pas, laissez agir la nature. Elle agit, je le sens, je le vois. Vos bras s'entr'ouvrent, ils vont s'ouvrir, ils s'ouvrent.... Raoul, courez embrasser votre père, ajouta-t-elle en poussant le jeune baron dans les bras du marquis et en les regardant avec ivresse s'embrasser d'assez mauvaise grâce.

— Et nous, mon vieil ami, s'écria-t-elle ensuite, ne nous embrasserons-nous pas?

— Embrassons-nous, dit le marquis.

Et tandis qu'ils étaient dans les bras l'un de l'autre :

— Baronne, dit le marquis à demi-voix, je ne sais pas où vous voulez en venir, mais je sens que vous tramez quelque chose d'infâme.

— Marquis, dit la baronne, vous n'êtes qu'un vieux roué.

— Raoul, Hélène, vous aussi, vieil ami, reprit-elle aussitôt avec effusion, en les réunissant tous trois sous un même regard et dans une même étreinte ; si j'en dois croire la joie qui m'inonde, le manoir de Vaubert va devenir l'asile de la paix, du bonheur et des tendresses mutuelles ; nous allons y réaliser le rêve le plus doux et le plus enchanté qui se soit jamais élevé de la terre au ciel. Nous serons pauvres, mais nous aurons pour richesse l'union de nos âmes, et le tableau de notre humble fortune humiliera plus d'une fois l'éclat du luxe et le faste de l'opulence. Que nous vous gâterons, marquis ! que d'amour et de soins à l'entour de votre vieillesse pour lui faire oublier les biens qu'elle a perdus ! Aimé, chéri, fêté, caressé, vous comprendrez un jour que ces biens étaient peu regrettables, et vous vous étonnerez alors d'avoir pu songer un seul instant à les racheter au prix de votre honneur.

Après avoir hasardé quelques objections que Raoul, Hélène et madame de Vaubert se réunirent tous trois pour combattre, après avoir inutilement cherché une issue par où s'échapper, harcelé, traqué, pris au piège :

—Eh bien! ventre-saint-gris! ça m'est égal, s'écria gaiement le marquis; ma fille sera baronne, et ce vieux coquin de Des Tournelles n'aura pas la satisfaction de voir une La Seiglière épouser le fils d'un manant.

Il fut décidé, séance tenante, que le marquis, dans le plus bref délai, signerait un acte de désistement en faveur de Bernard, et que, cela fait, le gentilhomme dépossédé se retirerait avec sa fille dans le petit castel de Vaubert où l'on procéderait aussitôt au mariage des jeunes amants. Les choses ainsi réglées, la baronne prit le bras du marquis, Raoul offrit le sien à Hélène, et tous quatre s'en allèrent dîner au manoir.

XIV

Or, tandis que cette révolution s'accomplissait au château, que faisait Bernard ? Il suivait au pas de son cheval les sentiers qui longent le Clain, la tête, l'esprit et le cœur tout remplis d'une unique image. Il aimait, et chez cette nature libre et fière que n'avait point appauvrie le frottement du monde, l'amour n'était pas resté long-

temps à l'état de vague aspiration, de rêve
flottant et de mystérieuse souffrance, il
était devenu bientôt une passion ardente,
énergique, vivace et profonde. Bernard
faisait partie de cette génération active et
turbulente dont la jeunesse s'était écoulée
dans les camps, et qui n'avait pas eu le
temps d'aimer ni de rêver. A vingt-sept
ans, à cette heure encore matinale où les
enfants de notre génération oisive ont follement dispersé à tous les vents leurs forces sans emploi, il n'avait connu que la
belle passion de la gloire. On pouvait
donc aisément prévoir que si jamais le
germe d'un amour sérieux venait à tomber
dans cette âme, il en absorberait la sève
et s'y développerait comme un arbuste vigoureux dans une terre vierge et féconde.

Il vit Hélène et il l'aima. Par quel art aurait-il pu s'en défendre? Elle avait en partage la grâce et la beauté, la candeur et l'intelligence, toute la distinction de sa race, sans en avoir les idées étroites ni les opinions surannées. Avec la royale fierté du lys, elle en exhalait le suave et doux parfum; à la poésie du passé, elle joignait les instincts sérieux de notre âge. Et cette noble et chaste créature était venue à lui, la main tendue et la bouche souriante! elle lui avait parlé de son vieux père, qu'elle avait aidé à mourir! C'est elle qui avait remplacé le fils absent au chevet du vieillard, elle qui avait recueilli ses derniers adieux et son dernier soupir. Il avait vécu de sa vie, à table auprès d'elle et près d'elle au foyer. Au récit des maux qu'il avait endurés, il avait vu ses beaux yeux se mouiller ; il les avait vus s'enflammer au récit de ses batailles. Comment donc en effet ne l'eût-il point aimée ? Il l'avait aimée d'abord d'un amour inquiet et charmant, comme tout sentiment qui s'ignore; puis, en voyant Hélène se retirer brusquement de lui, d'un amour silencieux et farouche, comme toute passion sans espoir. C'est alors que, plongeant du même coup dans son cœur et dans sa destinée, il était resté frappé d'épouvante. Il venait de comprendre en même temps qu'égaré par le charme, il avait, sans y réfléchir, accepté une position équivoque, qu'on l'en blâmerait publiquement, qu'il y allait de son honneur vis-à-vis de ses frères d'armes, et que, pour en sortir désormais, il lui fallait déposséder, ruiner, chasser la fille qu'il aimait et son père. Comment s'y fût-il résigné, lui qui défaillait rien qu'à la pensée que ses hôtes pouvaient d'un jour à l'autre s'éloigner de leur propre gré, lui qui se demandait parfois avec terreur ce qu'il deviendrait seul dans ce château désert, s'il leur prenait fantaisie de porter leurs pénates ailleurs? S'il aimait Hélène par-dessus toutes choses, ce n'était pas elle seulement qu'il aimait. Au milieu même de ses emportements et de ses colères, il se sentait secrètement attiré vers le marquis. Il s'était aussi pris d'une sorte d'affection pour tous les détails de cet intérieur de famille dont il n'avait jamais soupçonné jusqu'alors ni la grâce facile, ni les exquises élégances. L'idée d'épouser

Hélène, cette idée qui conciliait tout et devant laquelle le gentilhomme n'avait point reculé, Bernard ne l'avait même pas entrevue. Sous la brusquerie de ses manières, sous l'énergie de son caractère, sous l'ardeur qui le consumait, il cachait toutes les délicatesses et toutes les timidités d'un esprit craintif et d'une âme tendre. La conscience qu'il avait de ses droits le rendait humble au lieu de l'enhardir : il avait la défiance et la pudeur de la fortune. Cependant, depuis plus d'une semaine, tout avait pris en lui comme autour de lui une face nouvelle. En même temps qu'autour de lui les bois et les prés verdoyaient, il s'était fait en lui comme un avril en fleurs ; Mademoiselle de La Seiglière avait reparu dans sa vie ainsi que le printemps sur la terre. La présence d'Hélène retrouvée, les entretiens récents qu'il avait eus avec le marquis, l'amitié cordiale et presque tendre que lui témoignait le vieux gentilhomme, quelques mots qui lui étaient échappés dans la matinée de ce même jour, tout cela, mêlé aux chaudes brises, à la senteur des haies, aux rayons joyeux du soleil, remplissait Bernard d'un trouble inexpliqué, d'une ivresse sans nom, de ce vague sentiment d'effroi, qui est le premier frisson du bonheur.

Ainsi troublé sans oser se demander pourquoi, Bernard revenait au galop de son cheval, car déjà la nuit commençait à descendre des côteaux dans la plaine, lorsqu'en débouchant par le pont, il découvrit la petite caravane qui s'acheminait vers Vaubert. Il arrêta sa monture et reconnut tout d'abord, dans la pénombre du crépuscule, mademoiselle de La Seiglière suspendue au bras d'un jeune homme, qu'aussitôt il supposa devoir être le jeune baron. Bernard ne connaissait pas Raoul et ne savait rien de l'union projetée ; cependant son cœur se serra. Il souffrait aussi de voir l'intimité renouée entre le marquis et la baronne. Après avoir longtemps suivi les deux couples d'un regard chagrin, il mit son cheval au pas, revint lentement au château, dîna seul, compta tristement les heures, et pensa que cette soirée de solitude, la première qu'il passait ainsi depuis son retour, ne s'achèverait pas. Il fit vingt fois le tour du parc, se retira mécontent dans sa chambre, et demeura appuyé sur le balcon de la fenêtre, jusqu'à ce qu'il eût vu passer, comme deux ombres, sous la feuillée, M. de La Seiglière et sa fille, dont la voix arriva jusqu'à lui dans le silence de la nuit.

Le lendemain, au repas du matin, il attendit vainement Hélène et son père. Jasmin, qu'il interrogea, répondit que M. le marquis et sa fille étaient partis depuis une heure pour Vaubert, en prévenant leurs gens qu'ils ne rentreraient pas pour dîner. Pendant cette journée, qui s'écoula plus lentement encore que ne s'était écoulée la soirée de la veille, Bernard remarqua un mouvement inusité des serviteurs allant tour à tour du château au manoir, du manoir au château, comme s'il s'agissait d'installation nouvelle. Il pressentit quelque affreux malheur. Un instant, il fut tenté d'aller droit au castel; mais un sentiment d'invincible répulsion, presque d'horreur, l'en avait toujours éloigné. Comprenait-il, lui aussi, comme Hélène, que c'était là que venait de se forger la foudre qu'il entendait déjà gronder sourdement à l'horizon ? Cependant il poussa jusqu'à mi-chemin ; en apercevant au bras de Raoul, sur l'autre rive, à travers le feuillage argenté des saules, Hélène dont il ne pouvait distinguer la démarche affaissée ni le pâle visage, il sentit la jalousie le mordre comme un aspic au sein. C'était une âme douce et tendre, mais impétueuse et terrible. Il rentra dans sa chambre, détacha ses pistolets suspendus à l'encadrement de la glace, les examina d'un œil sombre et farouche, en fit jouer les ressorts d'un doigt brusque et violent; puis, honteux de sa folie, il se jeta sur son lit, et ce cœur de lion pleura. Pourquoi? il ne le savait pas. Il souffrait sans connaître la cause de son mal, de même qu'il ignorait la veille d'où lui arrivaient le bonheur et la vie.

La soirée fut moins orageuse. A la tombée de la nuit, il se prit à errer dans le parc en attendant le retour du marquis. La brise rafraîchit son front; la réflexion apaisa son cœur. Il se dit que rien n'était changé dans sa vie, et revint peu à peu à des rêves meilleurs. Il était assis depuis quelques instants sur un banc de pierre, à cette même place, où tant de fois, auprès d'Hélène, il avait vu, au dernier automne, les feuilles jaunies se détacher et tourbillonner au-dessus de leurs têtes, quand tout à coup le sable de l'allée cria doucement sous un pas léger ; un frôlement de robe se fit entendre le long de l'aubépine en fleurs ; en levant les yeux, Bernard aperçut devant lui mademoiselle de La Seiglière, pâle, triste et plus grave que d'habitude.

XV

— Monsieur Bernard, c'est vous que je cherchais, dit-elle aussitôt d'une voix douce et calme.

En effet, Hélène s'était échappée dans l'espoir de le rencontrer. Sachant qu'il ne lui restait plus que deux nuits à passer sous le toit qui n'était plus celui de son père, prévoyant bien que toutes relations allaient se trouver brisées désormais entre elle et ce jeune homme, elle était venue à lui, non par faiblesse, mais par fier sentiment d'elle-même, ne voulant pas que, s'il découvrait un jour les ruses et les intrigues qu'on avait ourdies autour de sa fortune, il pût croire ou même supposer qu'elle en avait été complice. Elle ne se dissimulait pas d'ailleurs qu'avant de se retirer elle avait vis-à-vis de lui des obligations à remplir, qu'elle devait au moins un adieu à cet hôte si délicat qu'elle n'avait pu soupçonner ses droits, au moins une réparation à cette âme si magnanime qu'elle avait pu, dans son ignorance, l'accuser de servilité. Elle avait compris enfin qu'elle devait à ce jeune homme de l'instruire elle-même de son prochain départ, pour lui en épargner l'humiliation, sinon la douleur.

— Monsieur Bernard, reprit-elle après s'être assise auprès de lui avec une émotion qu'elle ne chercha pas à cacher ; dans deux jours, mon père et moi, nous aurons quitté ce parc et ce château qui ne nous appartiennent plus ; je n'ai pas voulu en sortir sans vous dire combien vous avez été bon pour mon vieux père, et que j'en resterai touchée le reste de ma vie dans le plus profond de mon âme. Oui, vous avez été si bon, si généreux, qu'hier encore je ne m'en doutais même pas.

— Vous partez, Mademoiselle, vous partez ! dit avec égarement Bernard d'une voix éperdue. Que vous ai-je fait? Peut-être, sans le savoir, vous aurai-je offensée, vous ou monsieur votre père? Je ne suis qu'un soldat, je ne sais rien de la vie ni du monde, mais partir! vous ne partirez pas.

— Il le faut, dit Hélène ; notre honneur le veut et le vôtre l'exige. Si mon père, en s'éloignant, ne se montre pas vis-à-vis de vous aussi affectueux qu'il devrait l'être ou voudrait le paraître, pardonnez-lui. Mon père est vieux ; à son âge, on a ses faiblesses. Ne lui en veuillez pas ; je me sens encore assez riche pour pouvoir ajouter sa dette de reconnaissance à la mienne, et pour les acquitter toutes deux.

— Vous partez! répéta Bernard... mais

si vous partez, Mademoiselle, que voulez-vous que je devienne, moi? Je suis seul en ce monde; je n'ai ni parents, ni amis, ni famille ; les seules amitiés que j'aie retrouvées à mon retour, je m'en suis séparé violemment pour mêler ma vie à la vôtre. Pour rester ici, près de votre père, j'ai répudié ma caste, abjuré ma religion, déserté mon drapeau, renié mes frères d'armes : il n'en est plus un à cette heure qui consentît à mettre sa main dans la mienne. Si l'on devait partir, pourquoi ne l'a-t-on pas fait quand je me suis présenté pour la première fois? J'arrivais alors le cœur et la tête remplis de haine et de colère ; je voulais me venger. J'étais prêt; je haïssais votre père; vous autres nobles, je vous exécrais tous. Pourquoi donc alors n'êtes-vous pas partis? Pourquoi ne m'a-t-on pas cédé la place? Pourquoi m'a-t-on dit : Confondons nos droits, ne formons qu'une seule famille? Et maintenant que j'ai oublié si je suis chez votre père ou si votre père est chez moi, maintenant qu'on m'a appris à aimer ce que je détestais, à honorer ce que je méprisais, maintenant qu'on m'a fermé les rangs où je suis né, maintenant qu'on a créé et mis en moi un cœur nouveau et une âme nouvelle, voilà qu'on s'éloigne, qu'on me fuit et qu'on m'abandonne!

— Ainsi, Mademoiselle, reprit Bernard avec mélancolie, en relevant sa tête brûlante, qu'il avait tenue longtemps entre ses mains, ainsi je n'aurai apporté dans votre existence que le désordre, le trouble et le malheur, moi qui donnerais ma vie avec ivresse pour épargner un chagrin à la vôtre ! Ainsi, j'aurai passé dans votre destinée comme un orage pour la flétrir et la briser, moi qui verserais avec joie tout mon sang pour y faire germer une fleur! Ainsi, vous étiez là, calme, heureuse, souriante, épanouie comme un lis au milieu du luxe de vos ancêtres, et il aura fallu que je revinsse tout exprès du fond des steppes arides pour vous initier aux douleurs de la pauvreté, moi qui retournerais triomphant dans l'exil glacé d'où je sors pour vous laisser ma part de soleil !

— La pauvreté ne m'effraie pas, dit Hélène ; je la connais, j'ai vécu avec elle.

— Cependant, mademoiselle s'écria Bernard avec entraînement, si, exalté par le désespoir comme à la guerre par le danger, j'osais vous dire à mon tour ce que je n'ai point encore osé me dire à moi-même ? A mon tour si je vous disais : Confondons nos droits et ne formons qu'une même famille ! Si, encouragé par votre grâce et votre bonté, enhardi par l'affection presque paternelle que M. le marquis m'a témoignée en ces derniers jours, je m'oubliais jusqu'à vous tendre une main tremblante, ah ! sans doute vous la repousseriez, cette main d'un soldat encore toute durcie par les labeurs de la captivité, et vous indignant avec raison de voir qu'un amour parti de si bas ait osé s'élever jusqu'à vous, vous m'accableriez de vos mépris et de votre colère ! Mais si vous pouviez oublier comme je l'oublierais avec vous, que j'ai jamais pu prétendre à l'héritage de vos pères, si vous pouviez continuer de croire, comme je le croirais avec vous, qu'à vous est la fortune, à moi la pauvreté, et si je vous disais alors d'une voix humble et suppliante : Je suis pauvre et déshérité, que voulez-vous que je devienne? gardez-moi dans un coin d'où je puisse seulement vous voir et vous admirer en silence ; je ne vous serai ni gênant ni importun, vous ne me rencontrerez dans votre chemin que lorsque vous m'aurez appelé ; d'un mot, d'un geste, d'un regard, vous me ferez rentrer dans ma poussière ! Peut-être alors ne me repousseriez-vous pas, vous auriez pitié de ma peine, et cette pitié, je la bénirais et j'en serais plus fier que d'une couronne de roi.

— Monsieur Bernard, dit Hélène en se levant avec dignité, je ne sais pas de cœur si haut placé auquel ne puisse s'égaler votre cœur ; je ne sais pas de main que la vôtre ne puisse honorer en la touchant. Voici la mienne ; c'est l'adieu d'une amie qui priera pour vous dans toutes ses prières.

— Ah ! s'écria Bernard en osant pour la première fois, pour la dernière, hélas ! porter à ses lèvres la blanche main d'Hélène: vous emportez ma vie ! Mais, noble enfant, vous et votre vieux père, quelle destinée est la vôtre ?

—Notre destinée est assurée, dit mademoiselle de La Seiglière sans songer qu'en voulant s'épargner la pitié de Bernard, elle portait au malheureux le coup de la mort; M. de Vaubert est, lui aussi, un noble cœur : il trouvera autant de bonheur à partager avec moi sa modeste fortune que j'en aurais trouvé moi-même à partager avec lui mon opulence.

— Vous vous aimez? demanda Bernard.

— Je crois vous avoir dit, répliqua mademoiselle de La Seiglière en hésitant, que nous fûmes élevés ensemble dans l'exil.

— Vous vous aimez? répéta Bernard.

— Sa mère me servit de mère, et nos parens nous fiancèrent presque au berceau.

— Vous vous aimez ? dit Bernard encore une fois.

— Il a ma foi, répondit Hélène.

—Adieu donc! ajouta Bernard d'un air sombre. Adieu, rêve envolé! murmura-t-il d'une voix étouffée en suivant des yeux, à travers ses larmes, Hélène qui s'éloignait pensive.

XVI

Le lendemain était le jour fixé pour la signature de l'acte de désistement. Sur le coup de midi, le marquis, Hélène, madame de Vaubert et un notaire venu tout exprès de Poitiers, se trouvaient réunis dans le grand salon du château, qui se ressentait déjà du désordre du prochain départ. On n'attendait plus que Bernard.

Hélène était grave et fière ; le marquis, heureux d'en finir, était léger comme un papillon.

— Eh bien ! madame la baronne, disait-il gaiement en se frottant les mains, nous allons donc vivre dans votre petit castel, nous allons reprendre le petit train de notre vie d'Allemagne. Ce sera charmant, nous pourrons encore nous croire en exil. C'est à vous, généreuse amie, que le dernier des La Seiglière aura dû le pain et le sel.

Madame de Vaubert souriait ; mais une violente préoccupation se trahissait sur son front et dans son regard.

Bernard entra bientôt, éperonné, botté,

la cravache au poing. La baronne se prit tout d'abord à l'observer avec inquiétude ; mais nul n'aurait pu deviner sur le visage de cet homme ce qui se passait dans son cœur.

Après avoir lu à haute et intelligible voix l'acte qu'il avait rédigé d'avance, le marquis prit une plume, releva sa manchette de point d'Angleterre, signa sans sourciller, et offrit à Bernard, avec une politesse exquise, la feuille aux armoiries du fisc.

— Monsieur, lui dit-il en souriant avec grâce, vous voici rentré authentiquement *dans la sueur* de monsieur votre père.

Le moment était décisif; madame de

Vaubert pâlit et attacha sur Bernard un regard ardent.

Bernard hésita; impassible et morne il paraissait n'avoir rien vu, rien entendu. Un éclair de triomphe traversa les yeux de la baronne.

— Ventre-saint-gris! Monsieur, s'écria le marquis, allez-vous faire des façons maintenant?

— Noble jeune homme! murmura la baronne d'une voix attendrie.

Comme s'il se fût réveillé en sursaut, Bernard tressaillit, prit la feuille de la main du marquis avec une brusquerie militaire, la plia en quatre, la glissa dans la poche de sa redingote, qu'il reboutonna aussitôt, puis se retira gravement, sans avoir dit une parole.

Madame de Vaubert resta consternée.

— Allons! dit le marquis en belle humeur, voilà une bonne journée qui ne nous coûte qu'un million.

— Me serais-je trompée? se demanda madame de Vaubert d'un air visiblement préoccupé. Est-ce que décidément ce Bernard ne serait qu'un vaurien?

— Mon Dieu! qu'il avait donc l'air triste et sombre! se dit mademoiselle de La Seiglière, dont le cœur frissonnait sous un vague pressentiment.

La journée s'acheva au milieu des derniers préparatifs de l'expatriation. Le marquis décrocha lui-même assez gaîment les vénérables portraits de ses aïeux, et sur chacun trouva le mot pour rire; mais la baronne ne riait pas. Hélène s'occupa de recueillir ses livres, ses broderies, ses albums, ses palettes et ses aquarelles. Bernard, aussitôt après la séance qui venait de le réintégrer solennellement dans ses droits, était monté à cheval; il ne rentra que bien avant dans la nuit. En traversant le parc, il aperçut mademoiselle de La Seiglière qui veillait à sa fenêtre ouverte; il demeura longtemps, appuyé contre un arbre, à la contempler.

Hélène passa sur pied cette nuit tout

entière, tantôt accoudée sur le balcon de sa croisée, regardant, à la lueur des étoiles, les beaux ombrages qu'elle allait quitter pour toujours, tantôt rôdant autour de son appartement, disant adieu dans son cœur à ce doux nid de sa jeunesse.

Brisée par la fatigue, elle se jeta tout habillée sur son lit aux premières blancheurs de l'aube. Elle dormait depuis près d'une heure d'un sommeil lourd et pénible, lorsqu'elle fut réveillée brusquement par un épouvantable vacarme; elle courut à la fenêtre, et, bien qu'on ne fût point en saison de chasse, elle aperçut tous les piqueurs du château réunis, les uns à cheval et donnant du cor à ébranler les vitres, les autres retenant la meute complète, qui poussait des aboiements effrénés dans l'air sonore du matin.

Mademoiselle de La Seiglière commençait à se demander si c'était le jour de son exil du château qu'on célébrait ainsi à grand fracas, et d'où lui pouvait venir cette sérénade bruyante et matinale, quand tout à coup elle poussa un cri d'effroi en voyant paraître au travers de la meute, au milieu des piqueurs qui semblèrent eux-mêmes frappés d'épouvante, Bernard, éperonné, botté comme la veille et en selle sur Roland. Contenant avec grâce l'ardeur du terrible animal, il le fit avancer en piétinant jusque sous la fenêtre où se tenait Hélène, plus pâle que la mort; puis il leva les yeux vers la jeune fille, et, après s'être découvert respectueusement, il rendit la bride, enfonça ses éperons dans les flancs du coursier, et partit comme la foudre, suivi de loin par les piqueurs, au bruit éclatant des fanfares.

— Ah! le malheureux! s'écria mademoiselle de La Seiglière en se tordant les bras avec désespoir, il veut, il va se tuer!

Elle voulut courir, mais où? Roland allait plus vite que le vent. Il avait été convenu la veille que Raoul et sa mère viendraient le lendemain, dans la matinée, chercher le marquis et sa fille pour les conduire et les installer définitivement dans leur nouvelle demeure. Comme Hélène se disposait à sortir de sa chambre pour se rendre au salon, elle rencontra sur le seuil Jasmin, qui, en courtisan du malheur, lui présenta sur un plateau d'argent une lettre sous enveloppe. Hélène rentra précipitamment, rompit le cachet et lut ces lignes, évidemment tracées à la hâte :

« Mademoiselle,

« Ne partez pas, restez. Que voulez-vous que je fasse de cette fortune? Je ne pourrais l'employer qu'à faire un peu de bien ; vous vous en acquitterez mieux que moi, avec plus de grâce, d'une façon plus agréable à Dieu. Seulement je vous prie de me mettre par la pensée pour moitié dans tous vos bienfaits ; ça me portera bonheur. Ne vous souciez pas de ma destinée ; je suis loin d'être sans ressources. Il me reste mon grade, mes épaulettes et mon épée. Je reprendrai du service ; ce n'est plus le même drapeau, mais c'est encore et toujours la France. Adieu, Mademoiselle. Je vous aime et vous vénère. Je vous en veux pourtant un peu d'avoir pensé à m'embarrasser d'un million ; mais je vous pardonne et vous bénis parce que vous avez aimé mon vieux père.

« Bernard. »

Sous le même pli se trouvait un testament olographe ainsi conçu :

« Je donne et lègue à mademoiselle Hélène de La Seiglière tout ce que je possède ici-bas en légitime propriété. »

« Fait à mon château de La Seiglière, le 25 avril 1819. »

Lorsqu'elle entra dans le salon, où venaient d'arriver madame de Vaubert et son fils, Hélène était si pâle et si défaite, que le marquis s'écria : Qu'as-tu ? La baronne et Raoul lui-même s'empressèrent aussitôt autour d'elle ; mais la jeune fille, repoussant leur sollicitude, demeura froide et muette.

— Ah ! çà, dit le marquis, est-ce que le cœur te manque à présent ?

Hélène ne répondit pas.

L'heure fixée pour le départ approchait. La baronne attendait toujours que Bernard y vînt mettre obstacle, et, ne voyant rien venir, ne prenait déjà plus la peine de dissimuler sa mauvaise humeur. De son côté, le jeune baron n'était pas, à proprement parler, transporté d'enthousiasme. Enfin, n'étant plus excité par son entourage, le marquis ne montrait déjà plus la bonne grâce dont il avait fait preuve durant tous ces jours.

— A propos, dit-il tout à coup, ce drôle de Bernard nous a servi ce matin un plat de sa façon.

— De quoi s'agit-il, marquis? demanda la baronne qui, au nom de Bernard, venait de dresser les oreilles.

— Croiriez-vous, Baronne, que ce fils de bouvier n'a même pas attendu que nous fussions partis pour prendre possession de mes biens? Au soleil levant, il s'est mis en chasse, escorté de ma meute et suivi de tous mes piqueurs.

Ici, mademoiselle de la Seiglière qui s'était approchée de la porte toute grande ouverte sur le perron, jeta un cri terrible et tomba dans les bras de son père, qui n'eut que le temps de la soutenir. Roland venait de filer le long de la grande allée comme un caillou lancé par une fronde. La selle était vide, et les étriers battaient contre les flancs déchirés du coursier.

A quelque temps de là, il y eut au château de La Seiglière une scène passablement comique; ce fut quand le malin vieillard, qu'on n'a pas oublié sans doute et que nous appelons Des Tournelles, vint officieusement démontrer au marquis que, depuis la mort de Bernard, moins que jamais il était chez lui, et l'engager à déguerpir sur-le-champ, s'il ne voulait encourir les rigueurs de l'administration des domaines. Mais à quoi bon prolonger ce récit?

Deux mois après la mort de Bernard, qui fut attribuée naturellement à une folle équipée de hussard, un incident d'une autre nature préoccupa beaucoup les grands et petits, beaux et laids esprits de la ville et des environs : ce fut l'entrée en noviciat de mademoiselle de La Seiglière dans un couvent de l'ordre des filles de Saint-Vincent-de-Paul. On en parla diversement : les uns n'y virent que le résultat d'une piété active et d'une vocation fervente ; les autres y soupçonnèrent un grain d'amour en dehors de Dieu. On approcha plus ou moins de la vérité ; mais nul ne mit le doigt dessus, si ce n'est pourtant notre marquis, dont le reste de l'existence fut empoisonnée par l'idée que décidément sa fille avait aimé le hussard. Cependant, lorsqu'il put, le testament de Bernard à la main, faire débouter de ses prétentions à la succession vacante l'administration des domaines, le marquis ne put s'empêcher de convenir que ce garçon avait bien fait les choses. Il continua de vivre comme par le passé, sans que l'éloignement de sa fille eût rien changé à ses habitudes. Il mourut d'émotion en 1830, en entendant une bande de jeunes gars qui s'étaient attroupés sous ses fenêtres pour chanter la *Marseillaise* et lui briser quelques vitres. Notre jeune baron est entré dans une riche famille roturière où il joue le rôle de George Dandin retourné. Le beau-père se raille des titres de son gendre et lui reproche les écus qu'il lui a comptés; sa femme l'appelle monsieur le baron en lui faisant les cornes. Madame de Vaubert vit encore. Elle passe ses journées en arrêt devant le château de La Seiglière; toutes les nuits elle rêve qu'elle est changée en chatte, et qu'elle voit danser devant elle, sans pouvoir seulement lui allonger un coup de patte, le château changé en souris. Après la mort de son père, mademoiselle de La Seiglière a disposé de tous ses biens en faveur des pauvres; on assure que le château même deviendra bientôt une maison de refuge pour les indigents.

FIN

LIBRAIRIE DE MICHEL LÉVY FRÈRES, RUE VIVIENNE, 1.

LE FAUST DE GOETHE
TRADUCTION RÉVUE ET COMPLÈTE,
Précédée d'un Essai sur Goethe, par Henri Blaze.
Édition illustrée de 10 vign. par Tony Johannot, gravées sur acier par Langlois,
Un volume grand in-8. — Prix : 12 fr. Publié en 40 livr. à 30 cent.

LES JÉSUITES
Depuis leur origine jusqu'à nos jours,
HISTOIRE, TYPES, MŒURS, MYSTÈRES,
PAR M. A. ARNOULD.
Illustrés de 20 gravures sur acier et de 100 gravures sur bois, d'après les dessins de MM. Tony Johannot, J. David, E. Giraud, Janet Lange, E. Lorsay, Hadamard, Frère et Dupuis.
2 vol. grand in-8. — Prix : 20 fr.; — publiés en 67 livr. à 30 cent.

LES COUVENTS
ORIGINE. — HISTOIRE, — RÈGLE, — DISCIPLINE, — MOEURS, — TYPES, — MYSTÈRES,
PAR MM. LOUIS LURINE ET ALPHONSE BROT,
Illustrés par MM. Tony Johannot, Baron, C. Nanteuil et Français.
Un volume grand in-8. — Prix : 7 fr.

LA BIBLIOTHÈQUE DRAMATIQUE
CHOIX
DES PIÈCES NOUVELLES JOUÉES SUR TOUS LES THÉATRES DE PARIS,
Imprimées dans le format in-18 anglais.
LA BIBLIOTHÈQUE DRAMATIQUE publiera exclusivement toutes les œuvres théâtrales nouvelles de MM. Alexandre Dumas, Bayard, Anicet Bourgeois, Dumanoir, Lockroy, Mélesville, Frédéric Soulié et Eugène Sue, qui se sont engagés également pour leurs collaborateurs, et les œuvres choisies des meilleurs auteurs dramatiques.
IL PARAIT TROIS OU QUATRE PIÈCES PAR MOIS. — QUATRE VOL. PAR AN.
Prix de chaque volume, 5 francs.
chaque volume et chaque pièce se vendent séparément.
LE TOME VII EST EN VENTE.

THÉATRE COMPLET
DE
VICTOR HUGO
Un beau volume grand in-8.
ORNÉ DU PORTRAIT DE VICTOR HUGO
ET DE SIX GRAVURES SUR ACIER.
D'APRÈS LES DESSINS DE MM. RAFFET, L. BOULANGER, J. DAVID, ETC., ETC.
Prix : 8 francs.

Imprimerie de E. Dépée, à Sceaux (Seine).

www.ingramcontent.com/pod-product-compliance
Lightning Source LLC
Chambersburg PA
CBHW071527160426
43196CB00010B/1690